GELD RICHTIG ANLEGEN

Mit welchen bewährten Strategien Sie Ihre
Altersvorsorge und Rente jetzt sichern
können

Martin Bachmeier

Ein Willkommensgeschenk!

Vielen Dank für den Kauf dieses Buches. Bevor es richtig losgeht, möchte ich Ihnen ein Geschenk machen: Auf meiner Webseite finden Sie einen Kurzreport gratis zum Download.

In diesem Kurzreport geht es um die 7 häufigsten Fehler, die Einsteiger beim Handeln mit Aktien machen.

Dieser Kurzreport steht nur eine begrenzte Zeit zum Download zur Verfügung – Handeln Sie daher schnell!

Wie können Sie diesen Kurzreport erhalten?

Blättern Sie direkt zum Kapitel „Bonusheft"!

Inhalt

Vorwort 1

Aktien und andere Wertpapiere: Zunehmend gefragt &
aussichtsreich 5

    Zur öffentlichen Auffassung über Aktien 5

    Über erfolgreiche Strategien für die Geldanlage in
    Aktien und Wertpapiere 9

    Abschließendes Knowhow zur Geldanlage in Aktien
    und Wertpapiere 37

    Zusammenfassung 39

Immobilien: Vermieten oder selbst nutzen – was lohnt
sich mehr? 41

    Immobilien: Zwischen Traum und Realität 41

    Beachtliche Renditen stehen in Aussicht 45

    Konzepte, Kontakte & Lage: Wann Immobilien zur
    Geldanlage wirklich vielversprechend sind 49

    Umfassender Sparplan: So wird Vermögen mit
    Immobilien aufgebaut! 71

    Abschließendes Knowhow zur Geldanlage in
    Immobilien 73

    Zusammenfassung 77

Rohstoffe: Öl, Gold und Co auf dem Prüfstand 79

    Was umfasst die Gruppe der Rohstoffe? 79

    Top 3 der Rohstoffe zur Geldanlage 90

    Abschließendes Knowhow zur Geldanlage in
    Rohstoffe 96

Zusammenfassung 98

Kryptowährungen: Ein Jahr in aller Munde und
Rekorde gebrochen – was bleibt nun zurück?.................... 101

    Grundlegendes zu Kryptowährungen 102

    Kryptowährungen als Geldanlage – machbar oder
    Irrsinn? 110

    Abschließendes Knowhow zur Geldanlage in
    Kryptowährungen... 116

    Zusammenfassung 120

Altersvorsorgeverträge: Geächtet und angeprangert,
aber mit Daseinsberechtigungen!....................................... 123

    Welche Altersvorsorgeverträge bringen es
    überhaupt noch?.. 123

    Die besten festverzinslichen und fondsgebundenen
    Altersvorsorge-Verträge 130

    Riester-Rente auf einen Blick....................................... 138

    Rürup-Rente auf einen Blick... 141

    Betriebliche Altersvorsorge auf einen Blick 143

    Abschließendes Knowhow zur Geldanlage in
    Altersvorsorge-Verträge 146

    Zusammenfassung 150

Schlusswort.. 153

Bonusheft 155

Quellenverzeichnis... 157

Vorwort

Was waren das früher bloß für Zeiten! Eltern oder Großeltern haben einem das Sparbuch angelegt und zum 16. oder 18. Geburtstag geschenkt. Dieses enthielt bereits einen eingezahlten Betrag und warf jährlich Zinsen ab. Diese Zinsen waren prozentuale jährliche Beträge, die es von der Bank als Belohnung für das Geld gab, das man auf dem Konto lagern ließ. Zinsen gab es immer auf den unberührten Betrag. Diese Zinsen warfen im nächsten Jahr in Kombination mit dem eingezahlten Geld weitere Zinsen ab – der Zinseszinseffekt trat ein! So sparte sich über die Jahre und Jahrzehnte einiges an Geld an und es konnten Träume realisiert werden, für die es Geld brauchte. Und was ist heute? Auf dem Papier ist alles gleich. Aber bei tieferer Betrachtung hat sich die Situation komplett gewandelt.

Lassen Sie uns in diesem Ratgeber deswegen gemeinsam auf die alten Zeiten pfeifen und lernen, wie junge Leute in den heutigen herausfordernden Zeiten das Geld richtig anlegen – renditestark, möglichst sicher und zielführend! Die junge Generation steht heute vor gewissen Herausforderungen, die zunächst einen nachteilhaften Anschein erwecken: Die Gesetzliche Rentenversicherung steht vor dem Kollaps oder steuert geradewegs auf den Abgrund zu. Die vom Staat erlassenen Gesetze halten das Rentenversicherungssystem aufrecht, was aufgrund eines höheren Renteneintrittsalters und der Verpflichtung zur Versicherung zulasten der Bürger geht. Die Niedrigzinsphasen und die Inflation in Kombination machen das Sparen, wie es früher ertragsstark und sicher möglich war, zunichte. Doch diese Nachteile bringen auch so einiges mit sich, das insbesondere der jüngeren Generation gefallen dürfte:

- Die Untauglichkeit früherer etablierter Anlageprodukte animiert dazu, Neues auszuprobieren!
- Es wird mehr ins Risiko gegangen, wobei sich das Risiko mit ausreichend Kenntnissen gut in Grenzen halten lässt!
- Die Geldanlage wird interessanter, da Anleger bei den aktuell renditestarken Anlagen aktiver managen müssen!

Doch was sind das für Kenntnisse, mit denen sich Risiken in Grenzen halten lassen? Was bedeutet es überhaupt, bei der Geldanlage ins Risiko zu gehen? Was für Geldanlagen sind aktuell renditestark? Wieso sind die früheren Anlageprodukte mittlerweile weniger geeignet?

Auf all diese Fragen liefert Ihnen dieser Ratgeber die Antworten. Der Ratgeber ist auf junge Leute ausgerichtet, wobei die Aussagen dieses Ratgebers für jede Bevölkerungsgruppe korrekt und somit allen Personen eine Hilfe sind. Aber junge Leute haben den einen Vorteil, der bei der Geldanlage unermesslich viel wert ist: Sie können einerseits die Zeit für sich arbeiten lassen, andererseits mit der Zeit zusammenarbeiten.

Das Leben steht gerade erst am Anfang und eröffnet alle Möglichkeiten. Exakt diese Möglichkeiten vermitteln Ihnen die folgenden Kapitel. Jedoch vermitteln die Kapitel Ihnen nur die Möglichkeiten, die sich wirklich lohnen! Es handelt sich dabei um Aktien und andere Wertpapiere, Immobilien, Rohstoffe (Öl, Gold und weitere), Kryptowährungen und Altersvorsorge-Verträge. Exakt in der genannten Reihenfolge werden Ihnen die verschiedenen Geldanlagen vorgestellt.

Dabei machen Aktien und Wertpapiere den Beginn, weil sie für jede Person finanzierbar sind und zugleich eine relativ hohe Sicherheit bieten. Ja, tatsächlich: Aktien und Wertpapiere, die als so riskant verschrienen Anlagemöglichkeiten, sind alles in allem vom Risiko her gut kalkulierbar. Sie glauben es nicht? Dann lernen Sie die Faktenlage kennen! Lernen Sie ebenso, wie Sie es hinbekommen, schon in jungen Jahren Immobilien zu finanzieren und sich durch deren Vermietung ein optimales Standbein für eine angemessene Rente zu sichern oder ein umfassendes Vermögen aufzubauen. Immobilien gelten als sicher. Als ebenso sicher galten lange Zeit Rohstoffe, zu denen Öl und Gold als bekannte Beispiele gehören. Doch sind Rohstoffe eine sichere Geldanlage oder aber ein Auslaufmodell, an das sich einige Kulturen und Generationen noch klammern? Wir werden es beleuchten. Alles andere als ein Auslaufmodell sind jedenfalls Kryptowährungen, die Sie im vierten Kapitel genaustens kennenlernen werden. Dabei steht im Vordergrund, dass Sie lernen, zu verstehen, was sich überhaupt hinter der Technik von Kryptowährungen verbirgt, um sich ein objektives Urteil zu bilden. Denn eines sei gesagt: Während alle Experten gegen die Kryptowährungen argumentieren, haben diese durchaus ein solides Fundament und Perspektiven. Ebenfalls Perspektiven haben die zuletzt vorgestellten Altersvorsorgeverträge: Obwohl die Versicherungsvermittler häufig ohne einen Abschluss nach Hause geschickt werden, lässt sich nicht leugnen, dass sie in Bezug auf die Wichtigkeit einer privaten Altersvorsorge absolut richtig liegen.

Viele Wahrheiten, viele Möglichkeiten: Tauchen Sie mit den fünf Kapiteln in fünf Anlage-Varianten ein, die verschiedener kaum sein könnten. Aber eines haben sie alle gemeinsam: Sie sind attraktive als das Sparbuch und stellen eine ideale Alternative oder Ergänzung zur Gesetzlichen Rentenversicherung dar. Dies ist wichtig, da ein Großteil der Deutschen noch dem Sparbuch und der Gesetzlichen Rentenversicherung vertraut. Das Sparbuch bringt erwiesenermaßen keine nennenswerte Rendite, während die Zukunft der Gesetzlichen Rentenversicherung spekulativer als Aktienhandel ist. Denn der demografische Wandel wird nicht enden und

3

mit ihm die Gesetzliche Rentenversicherung immer mehr Probleme offenbaren.

Wir wollen im jungen Alter aber keine Probleme. Wir wollen uns unser Leben aufbauen und ein Puzzleteil ins andere fügen. Betrachten Sie diesen Ratgeber als eines der wichtigen Puzzleteile. Viel Spaß beim Lesen!

Aktien und andere Wertpapiere: Zunehmend gefragt & aussichtsreich

In Deutschland herrschte lange Zeit immense Skepsis gegenüber Aktien. Geplatzte Blasen wie die Dotcom-Blase Anfang der 2000er Jahre ließen die wiederaufgeflammte Leidenschaft für Aktien hierzulande zurückgehen. Doch die Leute befinden sich zurzeit in einem Umdenkprozess und finden in Aktien sowie Wertpapieren eine wichtige Möglichkeit, Geld sowohl lang- als auch kurzfristig gewinnbringend anzulegen. Ausgewogene und wohlüberlegte Strategien wie die Geldanlage in ETFs und wertbeständige Einzelaktien bieten ein Grundmaß an Sicherheit. Es lohnt sich, sich mit Aktien auseinanderzusetzen und die Strategien zur Zusammenstellung eines Portfolios zu verinnerlichen.

Zur öffentlichen Auffassung über Aktien

Die öffentliche Auffassung zum Thema Aktien driftet in Deutschland auseinander. Ein Großteil der Personen setzt nach wie vor auf das Sparbuch, wobei dieses unter Einbezug der Inflation keinen Gewinn abwirft. Durch die niedrigen Zinsen und die Inflation steht jährlich viel eher eine Entwertung des auf dem Sparbuch gelagerten Geldes um 1 bis 2 % zu Buche.

Der Misere um das Sparbuch zum Trotz: 2019 waren die deutschen Haushalte so reich wie nie und haben mit 6,6 Billionen Euro einen neuen Rekordwert verbucht[1]. Bei

---

[1] https://www.n-tv.de/wirtschaft/Deutsche-Haushalte-sind-so-reich-wie-nie-article21484232.html

5

Befragungen zeigte sich, dass maßgeblich der Sparfleiß der deutschen Bevölkerung dazu beiträgt und nicht der Fleiß als Anleger. Zwar ist der Anteil der Bevölkerung, die ihr Geld auf dem Sparbuch lagert, mittlerweile geringer als der Anteil der Aktionäre. Allerdings hat eine große Menge an Bürgern das Geld auf dem eigenen Konto gespart, sodass es nach wie vor nicht gewinnbringend angelegt war. Der Eindruck, dass Deutschland eine Sparernation ist, bestätigt sich durchweg – auch jetzt noch, wo eigentlich keinerlei Gründe mehr vorhanden sind, zu sparen. Denn es kommt durch das Sparen nur zu Verlusten.

Aber das wissen die Personen und nehmen es in Kauf, wie u. a. eine Umfrage des Anbieters *Union Investment* zeigte:

- 74 % der Befragten gaben zu, über die schlechten Ertragsaussichten beim Sparbuch informiert zu sein und dennoch lieber auf das Sparbuch zu setzen.
- 56 % der Befragten gestanden, über die Möglichkeit zu höheren Renditen bei anderen Anlageklassen Bescheid zu wissen.
- 55 % der Befragten zeigten sich zuversichtlich, das Zinstief aussitzen zu können, bis das Sparbuch wieder mehr Erträge bringt.

Quelle: ntv.de

Das Problem ist somit nicht, dass hierzulande ein Mangel an Aufklärung bezüglich der negativen Performance von Sparbüchern besteht. Ebenso wenig ist das Problem, dass Personen solche Hindernisse wie die Niedrigzinsphase leugnen. Mittlerweile weiß sogar eine Vielzahl an Menschen, was Aktien sind und wie hoch die Gewinnaussichten ausfallen. Viel eher ist die schwer überwindbare Hürde der große Sicherheitsanspruch ans eigene Geld.

Ist eine bestimmte Rendite nicht zugesichert und ist ungewiss, ob sich überhaupt ein Gewinn bei einer Geldanlage in Aktien ergibt, dann schrillen bei einer Vielzahl an Deutschen die Alarmglocken. Dies ist keine erwiesene Tatsache, aber das Ergebnis jahrelanger Konversationen, Auswertungen des wirtschaftlichen sowie politischen Systems hierzulande und des Vergleichs mit anderen Nationen der Erde. Blickt man in die Vergangenheit, dann muss eingestanden werden, dass wir Deutschen vieles zugesichert hatten: Von der Rente durch das Drei-Säulen-System über die Krankenversicherung bis hin zur Rendite auf dem Sparbuch. Mit dem Arbeitslosengeld und weiteren sozialen Regelungen vervollständigt sich das Bild eines Sozialstaates durch und durch. Seitdem die Niedrigzinsphase und der demografische Wandel die Absicherung in der Zukunft erschweren, klammert sich hierzulande die Bevölkerung verstärkt an Zusicherungen aus der Vergangenheit: Sparbücher, die gesetzliche Rentenversicherung und festverzinsliche Altersvorsorgeverträge. All dies allein ist aber keine Sicherheit mehr.

Mit der zunehmenden Unsicherheit in einzelnen Bereichen des Staates und dessen System kehrt allmählich ein Wandel ein. Auffällig ist, dass in jenen Staaten, die für ein dürftiges Rentenversicherungssystem bekannt sind, die Aktionärsquoten im Vergleich zu Deutschland außerordentlich hoch sind. Exakt dies ist in den USA der Fall. Die Aktionärsquote beträgt über 50 %. Es ist ein Teil der Altersvorsorge in dem Land, was die Antwort auf das schwache Rentensystem ist. In eine vergleichbare Situation driftet allmählich Deutschland. Was die heute gesammelten Rentenpunkte in mehreren Jahrzehnten noch wert sind, steht in den Sternen. Doch eines scheint sicher: Für das Halten des Lebensstandards und das Genießen des Ruhestands ist dies nicht ausreichend.

Also lässt sich zur öffentlichen Auffassung über Aktien in Deutschland sagen, dass diese in großen Teilen der Bevölkerung negativ ist. Von den einen als riskant, unberechenbar und als Hexenwerk verschrien und von den anderen als eine viel bessere Anlage als das früher übliche Sparbuch gelobt, bewegen sich Aktien scheinbar jenseits von Gut und Böse. Doch die Realität lässt grüßen: Ein Ende der Niedrigzinsphase ist nicht absehbar. Wer jetzt nicht reagiert, der wird später Probleme bekommen. Deswegen ist eine Auseinandersetzung mit dem Thema Aktien und Wertpapiere absolut vernünftig. Glücklicherweise tritt sie immer mehr in der Bevölkerung ein. Altersvorsorgeverträge beispielsweise basieren mittlerweile zunehmend auf ETFs oder Aktienfonds und werden der Bevölkerung mit mehr Erfolg vermittelt. Immer mehr Bürger zeigen sich privaten Aktien- und Fondssparplänen von Banken gegenüber offen. Die zunehmende Auseinandersetzung mit dem Thema Aktien zeigt: Es ist durchaus möglich, mit der Geldanlage in Aktien hohe Renditen bei geringen Risiken zu erwirtschaften! Doch am besten ist es, den Produkten der Banken und Versicherungsgesellschaften, die hohe Kosten beinhalten, fernzubleiben und sein eigenes Ding durchzuziehen – mit Strategie!

Über erfolgreiche Strategien für die Geldanlage in Aktien und Wertpapiere

Dieser Abschnitt führt Sie in die Grundlagen über die Aktien und Wertpapiere ein und erklärt Ihnen elementare Unterschiede zwischen den Wertpapierarten. Sie werden darauf folgend in den Strategien kennenlernen, wie Sie ein eigenes Portfolio mit Aktien anlegen können. ETFs als eine spezielle Art der Aktienfonds und einzelne Aktien werden dabei eine zentrale Rolle spielen. Zudem gibt Ihnen dieser Abschnitt einen Überblick und eine Erklärung über die wichtigsten Kennzahlen zur Analyse einzelner Unternehmen und Aktien sowie zur Analyse von Charts, also den Kursverläufen.

Worin liegt der Unterschied zwischen Aktien und Wertpapieren?

Ein Wertpapier ist ein Dokument, welches Ihnen einen bestimmten Vermögenswert zusagt. Die Aktie wiederum ist eine Art von Wertpapier. Weitere Arten sind u. a. Fonds, Optionsscheine und Anleihen. Wir werden in diesem Ratgeber das Hauptaugenmerk auf Aktien und Fonds legen, da die anderen Anlageklassen spekulativer und somit stärker mit Risiko behaftet sind. Dies soll diese Anlageklassen keineswegs in ein schlechtes Licht rücken, ist aber für das Ziel dieses Ratgebers nicht hilfreich. Das Ziel ist nämlich, langfristig Geld anzulegen und dieses für sich arbeiten zu lassen. Dabei sind Aktien und Fonds wesentlich hilfreicher.

Bei Aktien handelt es sich um Anteilsscheine an Unternehmen. Sie werden mit einer Aktie also Teilhaber an einem Unternehmen. Diese Teilhabe ist mit der Aktie des Unternehmens, die sich in Ihrem Depot befindet, verbrieft. Früher gab es tatsächlich Wertpapiere in Papierform, heute sind es Zahlen in einem digitalen Portfolio. Durch das Halten einer Unternehmensaktie partizipieren Sie an der Entwicklung des Unternehmens und der Wirtschaft im Allgemeinen. Sie haben bei Stammaktien auf den Jahreshauptversammlungen einen Einfluss bei Abstimmungen und bestimmten Beschlüssen. Es bestehen allerdings keineswegs Verpflichtungen, auf die Jahreshauptversammlungen zu gehen. Sollten Sie anstelle der Stammaktie eine Vorzugsaktie halten, dann entfällt das Stimmrecht zugunsten anderer Vorzüge. Zu diesen Vorzügen kann eine höhere Dividendenausschüttung gehören. Dividenden sind die Gewinnanteile, die Aktionären eines Unternehmens ausgezahlt werden.

Hinweis!

Zum Handel mit Aktien bzw. zur Geldanlage in Aktien benötigen Sie ein eigenes Depot. Hier lagern Ihre Wertpapiere. Ihr Konto wird mit dem Depot verbunden, sodass Sie Geld für Käufe überweisen und Geld aus Verkäufen empfangen können. Um Käufe und Verkäufe zu realisieren, benötigen Sie zudem einen Broker (Börsenmakler), der dies für Sie erledigt. Nur er besitzt die Lizenz zu Transaktionen an der Börse. Sowohl Depot als auch Broker finden Sie bei Banken, sodass dieser Punkt keine signifikante Herausforderung darstellt. In den letzten Abschnitten dieses Kapitels erhalten Sie Tipps, wo Sie kostengünstige Angebote finden.

Sie haben bei der Entscheidung für Aktien also nicht nur die Wahl zwischen verschiedenen Unternehmen, sondern auch die Wahl zwischen der Stamm- und Vorzugsaktie eines Unternehmens. Sind Ihnen jährliche Gewinnausschüttungen wichtig, dann ist es möglich, anhand der Informationen zu den Unternehmen herauszufinden, wie hoch die Dividendenzahlungen in den letzten Jahren waren. Daraufhin folgt die Entscheidung für eine Unternehmensaktie mit hohen Dividendenzahlungen. Diese Dividende lässt sich erneut anlegen und Jahr für Jahr kommen weitere Dividenden sowie durch den Zinseszinseffekt Gewinne hinzu.

Werfen wir, ehe wir tiefer in den Überblick über Anlagestrategien hineingehen, noch einen Blick auf die Fonds. Diese sind schließlich neben Aktien die zweite Wertpapier-Art, der wir uns in diesem Kapitel verstärkt widmen. Fonds sind Bestände, die mehrere Wertpapiere umfassen. Es gibt spezialisierte Fonds, die nur eine Anlageklasse enthalten, wie z. B. Immobilienfonds und Aktienfonds, sowie Fonds, die sich aus mehreren Anlageklassen zusammensetzen. Letztere enthalten Aktien, Immobilien, Anleihen und/oder weitere Wertpapiere. Darüber hinaus wird zwischen offenen und geschlossenen Fonds unterschieden. Erstere sind für uns das einzig wichtige, da sie für alle Anleger offen sind, an der Börse gehandelt werden und somit das Risiko gering gehalten wird.

Fonds haben mehrere Vorteile:

- Streuung des Risikos auf mehrere Anlageklassen oder Produkte einer Anlageklasse
- Integration in Sparpläne von Banken, Brokern und Versicherungsgesellschaften
- Durch ETFs besonders günstige Kostenstruktur und einfache Zusammensetzung

Insbesondere die ETFs haben in den vergangenen Jahren an Wertschätzung und Popularität gewonnen. ETFs heißen in der Langform *Exchange Traded Funds* und haben einige elementare Unterschiede im Vergleich zu den anderen Aktienfonds. Die gängigen Aktienfonds werden von Fondsmanagern betreut. Die Wertpapiere werden nach dem Ermessen der Fondsmanager angekauft und verkauft. Aufgrund der durch den Fondsmanager zu verrichtenden Arbeit weisen diese aktiv gemanagten Fonds höhere Kosten auf als die ETFs. Denn ETFs sind passiv gemanagt. Sie bilden einzelne Indizes nach und brauchen somit kein signifikantes Management.

Hinweis!

Ein Index ist ein Verzeichnis. Bei den Indizes an der Börse handelt es sich um Verzeichnisse, die Aktien von Unternehmen zusammentragen. Der DAX (Deutscher Aktienindex) beispielsweise ist solch ein Verzeichnis. Er bildet die 30 stärksten Unternehmen der deutschen Wirtschaft ab. Entsprechendes gibt es für die Euro-Zone: Den Euro Stoxx 50 mit den 50 stärksten Unternehmen aus den EU-Staaten. Der S&P 500 enthält die 500 stärksten Unternehmen aus den USA. Auch gibt es kleinere Indizes, wie beispielsweise in Deutschland den MDAX und den SDAX, mit den auf die 30 größten Unternehmen Deutschlands folgenden kleineren Unternehmen.

Ein ETF imitiert diese Indizes und bildet dadurch die Wirtschaft ab. Dies kann die Wirtschaft eines einzelnen Staates oder einer Gemeinschaft an Staaten sein. Bekannt ist zudem der MSCI World als Index, der Unternehmen aus der gesamten Weltwirtschaft umfasst. Entsprechende ETFs existieren.

Was ist nun das Merkmal von ETFs? ETFs sind Fonds, in die die Aktien aus den abzubildenden Indizes gekauft werden. Die Aktien werden in exakt demselben Verhältnis eingekauft, das das jeweilige Unternehmen im eigentlichen Index hat. Prägt somit das Unternehmen A den DAX zu einem Anteil von 12,3 %, dann werden für den ETF Aktien dieses Unternehmens aufgekauft, sodass die Unternehmensaktien am Fonds denselben Anteil von 12,3 % haben. So wird das mit den verbliebenen 29 Unternehmen des DAX ebenfalls gemacht. Et voilà: Ein DAX-ETF ist entstanden. Es klingt der Theorie nach einfach, aber es erfordert etwas Knowhow, einen ETF richtig zusammenzustellen und zu unterhalten. Dementsprechend ist es angeraten, auf die angebotenen ETFs im Internet zu setzen und keine eigenen durch den Kauf von Aktien zusammenzustellen. Aufgrund der geringen Kosten für ETFs im Vergleich zu aktiv gemanagten Aktienfonds empfiehlt es sich, der Einfachheit und Sicherheit wegen auf fertige und angebotene ETFs zu setzen.

Über Renditen und Risiken

An einer Stelle muss den Anhängern des Sparbuchs und anderer festverzinslicher Produkte Recht gegeben werden: Sicherheiten sucht man an der Börse und bei Wertpapieren vergeblich. Dementsprechend lässt sich, trotz der guten Performances von ETFs, Aktienfonds sowie einzelnen Aktien niemals zusichern, dass eine bestimmte Rendite eintritt oder ein bestimmtes Risiko entfällt. Dies ist ein Vorteil, den festverzinsliche Produkte zu eigen haben. Doch mit den Sicherheiten reduziert sich die Aussicht auf mögliche Renditen. Es war schon immer so: Wer ins Risiko ging, konnte verlieren, wurde dafür im Falle eines Gewinns aber umso mehr belohnt.

Werfen wir einen Blick auf einige Renditen von Einzelaktien von Unternehmen aus dem SDAX und TechDax im Zeitraum von vor 5 Jahren bis jetzt (Stand: Januar 2020):

- Die Aktie der Hypoport AG hat eine Rendite von 2.551,7 % verbucht.
- Die TeamViewer AG ist erst seit Ende 2019 an der Börse und die Aktie verzeichnete in den wenigen Monaten bereits 26,7 % Rendite.
- Der Aktie der Eckert Ziegler Strahlen- und Medizintechnik AG gelang ein Wertanstieg von 991,9 %.

Quelle: finanzen.net[2]

Nun handelt es sich um Einzelaktien. Glücksstreffer wie die in der Aufzählung genannten sind keine Seltenheit. Insbesondere die TeamViewer AG ist ein Beispiel für einen Treffer, den aufmerksame und detailliert über Branchen informierte Anleger im Laufe der Jahre vermehrt landen werden. Wir

---

[2] https://www.finanzen.net/

werden uns im Folgenden noch ausführlich mit den Rendi-techancen von Wachstumsunternehmen auseinandersetzen, die sich durch ein besonders hohes Potenzial auszeichnen.

Unterziehen wir nun anstelle von Einzelaktien die ETFs als besonders günstige und aussichtsreiche Form der Fonds einer Betrachtung. Die folgende Tabelle zeigt die Renditen eines ETFs auf den MSCI World Index im Fünfjahreszeit-raum:

Jahr	2016	2017	2018	2019	2020
Rendite	10,75 %	7,54 %	-4,09 %	30,03 %	3,53 %

Quelle: justetf.com[3]

Im Jahr 2018 gab es ein Minus. In Anbetracht der Tatsache, dass in diesem Jahr die gesamte Weltwirtschaft schwach performte, ist das Minus noch verkraftbar. Die Renditen der Jahre davor und des Jahres danach machen den Verlust mehr als nur wett. Hinzu kommt die positive Tendenz nach den ersten paar Wochen des neuen Jahres 2020. Führen wir uns vor Augen, wie viel Geld ein Anleger nun hätte, wenn er Anfang 2016 500 € in den ETF gelegt hätte: Knapp 768 €! Durch den Zinseszinseffekt hätte sich also eine Rendite von über 50 % nach fünf Jahren ergeben. Hinzu kommen die Dividendenzahlungen, die noch hätten angelegt werden können …

Die beiden Beispiele – einmal mit Einzelaktien und ein weiteres Mal mit einem ETF – zeigen, dass womög-lich keine Sicherheiten gegeben sind und Schwankungen existieren, aber dafür die Renditeaussichten bei Wertpa-pieren wesentlich höher als bei Sparbüchern sind. Es

---

[3] https://www.justetf.com/de/etf-profile.
html?isin=FR0010315770&tab=returns

ist also vollkommen nachvollziehbar, dass Wertpapiere von einzelnen Personengruppen zwiespältig betrachtet werden. Jene Anleger, die sich dran versuchen und Erfolg haben, preisen die Geldanlage in Aktien als renditestarkes Investment. Andere wiederum versuchen sich und landen eventuell in einem schwachen Jahr wie dem Jahr 2018, merken die Verluste und wenden sich von der Geldanlage in Aktien ab. Doch aus nur einem Jahr auf die gesamte Anlageklasse der Aktien zu schließen, ist der fatale Fehler, der einem lukrativen Investment im Wege steht. Es muss im Vordergrund stehen, zum Großteil langfristig und mit Strategie zu investieren!

Eine optimale Strategie für die Geldanlage in Aktien

Einige Hinweise zum Einstieg:

- Im Folgenden wird die Rede davon sein, welchen prozentualen Anteil Ihres Kapitals Sie in bestimmte Wertpapiere investieren sollten. Der Betrag, den Sie einsetzen, ist frei wählbar.
- Sie können Ihr Spar-Kapital monatlich einbringen, indem Sie eine fest definierte Summe monatlich ins Aktienportfolio einzahlen.
- Haben Sie größere Mengen an Geld, dann lohnt es sich, diese direkt einzubringen und nach der im Folgenden erklärten Strategie auf die Wertpapiere aufzuteilen.

Im Rahmen einer optimalen Strategie wird auf ein breit diversifiziertes Portfolio gesetzt. Dieses wichtige Stichwort der „Diversifikation" setzt voraus, dass das Kapital auf mehrere Wertpapiere bzw. Aktien gestreut wird, um eine Senkung des Risikos zu bewirken – am besten sogar global! In unserem Fall werden als einzige Fonds die ETFs aufgenommen, die passiv gemanagt sind und somit die geringsten Kosten mit sich bringen. Die aktiv gemanagten Aktienfonds bringen zwar den Vorteil des Managements mit sich, der sich allerdings in Anbetracht der Tatsache, dass auf lange Sicht kein Aktienfonds den Markt übertreffen konnte, zum Nachteil hinunterrelativiert. ETFs sind also die beste Fondsvariante und bilden zu wahlweise 50 bis 70 % den Hauptbestandteil des Portfolios. Allem voran Anfänger unter den Anlegern kommen im Rahmen einer solchen Strategie einfach weg und profitieren. Die ETFs werden für lange Zeit ins Portfolio gekauft. Es findet kein Investment in einen ETF für nur ein oder zwei Jahre statt! Eine solche Geldanlage erfolgt im Optimalfall über ein Jahrzehnt oder noch länger. Vermeiden Sie es deswegen, jeden Tag in Ihr Portfolio zu schauen und sich Sorgen zu machen, wenn der Kurs mal abwärts geht. Dies ist der große Fehler vieler Anfänger, der letzten Endes dazu führt, dass entweder die falschen Entscheidungen getroffen werden oder sogar komplett mit der Geldanlage in Wertpapiere aufgehört wird – beides ist fatal!

Nun stellt sich die Frage nach geeigneten ETFs. Zum größten Teil sollten es ETFs sein, die entweder die Weltwirtschaft abbilden oder die Indizes von Industrienationen imitieren. Dadurch gelangen Wertbeständigkeit und Krisenfestigkeit ins Portfolio. Industriestaaten zeichnen sich nämlich durch eine gute Vermögenslage und eine starke Wirtschaft aus. ETFs, die diesem Ziel gerecht werden, bilden entweder die Indizes einzelner Industriestaaten ab, wie es beispielsweise bei den ETFs auf die folgenden Indizes der Fall ist:

- S&P 500 (USA)
- DAX (Deutschland)
- AEX 25 (Niederlande)
- Nikkei 225 (Japan)
- CAC 40 (Frankreich)

Oder als Alternative zu den Indizes einzelner Nationen wird auf ETFs auf Indizes gesetzt, die die Wirtschaften mehrerer Industrienationen abbilden. Ein solcher ETF ist der auf den MSCI World Index, in welchem zu mehr als 50 % Unternehmen aus den Vereinigten Staaten enthalten sind. Den Rest des ETFs machen Japan, Großbritannien, Frankreich, Kanada, Schweiz, Deutschland, Australien, Niederlande, Hongkong und weitere aus.

Bis hierhin steht also fest, dass ETFs mit Industriestaaten-Aktien das Hauptaugenmerk bei der Auswahl von ETFs fürs eigene Portfolio sind. Mischen Sie nicht zu bunt, sondern entscheiden Sie sich für zwei ETFs, beispielsweise einen MSCI-World-ETF und einen ETF auf den AEX 25. Wieso ausgerechnet den AEX 25 und somit die Wirtschaft der Niederlande? Zum einen hat die Niederlande den größten Hafen Europas in Rotterdam. Zum anderen ist es eine erfolgreiche Exportnation und zudem das Land mit einer der höchsten Aktionärsquoten im weltweiten Vergleich. In den MSCI-World-ETF sollte immer der größte Anteil des Kapitals für die ETFs angelegt werden. Gehen wir in Ihrem Portfolio von 70 % Kapitalanlage in ETFs aus, dann sollte der MSCI-World-ETF bei knapp 40 % liegen, der ETF auf den AEX 25 würde 20 % bekommen. Und was ist mit den verbliebenen 10 %? Die wandern in einen besonderen ETF ...

Bis hierhin haben wir es mit den Industrienationen äußerst sicher gehalten. Wer sich auf dem Markt auskennt, wird jedoch wissen, dass je sicherer eine Anlage ist, umso geringer die Wahrscheinlichkeiten für eine hohe Rendite ausfallen. Zwar lassen die bisherigen ETFs mit ihren Renditen im Vergleich zum Sparbuch keinen Grund zum Klagen, doch wer etwas mehr ins Risiko geht, wird erstaunt sein. Die Aktien in Schwellenländern haben im Schnitt vergleichbare

Renditen mit den Aktien aus den Industrienationen erzielt, wenn man die vergangenen Jahre insgesamt betrachtet:

ETF	iShares Core MSCI World UCITS ETF USD	iShares MSCI Emerging Markets UCITS ETF
2016	Rendite: 11,28 %	Rendite: 14,16 %
2017	Rendite: 7,61 %	Rendite: 19,96 %
2018	Rendite: -4,30 %	Rendite: -11,07 %
2019	Rendite: 30,22 %	Rendite: 19,73 %

Quelle: just-etf.com[4]

Um es für Sie anschaulicher zu belegen: Hätten Sie Anfang des Jahres 2016 Beträge in Höhe von je 1.000 € in beide ETFs investiert, dann hätten Sie beim ETF auf den MSCI World Index bei einem Verkauf Ende 2019 1.492,31 € erhalten, bei dem ETF auf den MSCI Emerging Markets 1.458,14 €. Somit wäre der MSCI Emerging Markets ETF um knapp 34 € unterlegen gewesen. Für einen Index, der die wirtschaftliche Entwicklung von Schwellenländern abbildet, ist es dennoch ein beachtliches Ergebnis! Blickt man auf die genauen Zahlen in der Tabelle, dann wird es noch beachtlicher: Denn in den Jahren 2016 und 2017 schlug die Performance des Schwellenländer-ETFs die Entwicklung des MSCI-World-ETFs sogar. Es lässt sich aus dem direkten Vergleich ableiten, dass in Zeiten, in denen die weltweite Wirtschaft schwächelt, ein ETF auf den MSCI Emerging Markets besonders schwach abschneidet, wie es 2018 der Fall war. Doch abgesehen davon wartet auf Anleger eine beachtliche Rendite. Und bleiben schwache Jahre wie das Jahr 2018 aus, dann erzielen die ETFs auf die wirtschaftliche Entwicklung der Schwellenländer unter Umständen höhere Renditen als andere ETFs. Es

---

[4] https://www.justetf.com/de/

ist nicht garantiert, aber steht in Aussicht, dass die Personen belohnt werden, die etwas mehr ins Risiko gehen. Deswegen entfallen im Optimalfall 10 % des Budgets für ETFs auf einen MSCI-Emerging-Markets-ETF.

Fazit

❖ 50 bis 70 % des für die Geldanlage vorgesehenen Kapitals wandern in ETFs.

❖ 40 % werden in einen ETF auf den MSCI World Index investiert. ETFs auf den Euro Stoxx 50 und andere Indizes, die mehrere Industriestaaten umfassen, sind eine weitere Option. Wichtig: Nur **ein** Index für die 40 % Budget.

❖ 20 % wandern in einen weiteren ETF, der die Wirtschaft mehrerer Industrieländer oder eines Industrielandes abbildet. Hier können Sie darauf spekulieren, welcher Industriestaat sich besonders gut entwickeln könnte. Viele Personen investieren in einen Südkorea-ETF.

❖ 10 % werden in einem MSCI-Emerging-Markets-ETF angelegt, da dieser mehr Risiko und bessere Rendite-aussichten einbringt.

❖ Werden anstelle 70 % des Budgets nur 50 % in ETFs investiert, dann sind 40 % in den MSCI-World-ETF und 10 % in den Emerging-Markets-ETF angeraten. In diesem Fall wird der zweite ETF auf den Index einer Industrienation ausgelassen.

Damit ist die Strategie zur Geldanlage in Aktien noch nicht vorbei. Denn je nachdem, ob Sie 50 oder 70 % in ETFs angelegt haben, verbleiben noch 50 bzw. 30 %. Diese werden in einzelne Aktien investiert. An dieser Stelle ein paar Worte zur Mahnung: Zum einen erfolgt auch diese Geldanlage zum größten Teil mit langfristigem Anlagehorizont. Es ist kein Daytrading gemeint, bei dem Sie täglich Aktien kaufen und verkaufen. Zum anderen hat es bei der Geldanlage in einzelne Aktien oberste Priorität, Unternehmen mit einem hohen Substanzwert und einer Krisenfestigkeit auszumachen. Da die Geldanlage in einzelne Aktien dennoch anspruchsvoll ist und sich nicht so leicht wie die Geldanlage in ETFs in wenige Worte fassen lässt, ist empfohlen, 70 % in ETFs zu investieren, um auf Nummer sicher zu gehen, und 30 % für Einzelaktien zu nutzen. Kennen Sie sich bereits mit dem Finanzmarkt aus oder weisen im Bereich der Aktien Vorerfahrungen auf, dann sind 50 % in ETFs und 50 % in Einzelaktien eine Option. Letzen Endes liegt die Entscheidung bei Ihnen, weswegen wir nun zum eigentlichen Gegenstand des Abschnitts kommen: Wie suche ich die Aktien aus, ohne falsche Entscheidungen zu treffen?

In unserer Betrachtung unterscheiden wir zwischen zwei Aktien: Den Value-Aktien und den Growth-Aktien. Value-Aktien zeichnen sich durch einen hohen Substanzwert aus und liefern Sicherheit bei zu erwartender geringerer Rendite, während Growth-Aktien noch ein Wachstum vor sich haben und bei höherem Risiko die Aussicht auf mehr Rendite liefern. Lernen Sie in der Tabelle einige erste rudimentäre Merkmale kennen:

Art der Aktie	Value-Aktie	Growth-Aktie
Bekanntheit	➢ Groß ➢ Nahezu immer ein in einem größeren Index notiertes Unternehmen	➢ Meistens gering ➢ In jedem Fall keine Notation in einem größeren Index

Verschuldung	➤ Hängt von dem Management des Unternehmens ab ➤ Meistens weitaus höher als bei Growth-Aktien	➤ Tendenziell gering
Wachstumspotenzial	➤ Solides Wachstum, aber keine rapiden Kursanstiege	➤ Sehr groß ➤ Viele Aufs und Abs zu erwarten ➤ Renditen von mehreren Hundert oder gar Tausend Prozent in wenigen Jahren denkbar
Gewinnausschüttung	➤ Über Jahre konstante Gewinnausschüttungen, sogar in Krisenphasen ➤ Unter Umständen sogar ansteigende Dividendenzahlungen	➤ Meistens gering oder gar nicht vorhanden ➤ Es wird primär ins Wachstum investiert

Wenn Sie in den DAX schauen und die Unternehmen betrachten, dann handelt es sich bei all diesen Unternehmen um Big Player. Aller Voraussicht nach werden *Allianz SE*, *Lufthansa AG* und die vielen weiteren Gesellschaften sowie Konzerne im DAX sich weiterentwickeln, aber es ist unter keinen Umständen eine Wachstumsaussicht von mehreren Hundert oder Tausend Prozent in wenigen Jahren realistisch, wie es bei Growth-Aktien von Wachstumsunternehmen der Fall ist. Macht denn das Vorhandensein im DAX aus einem Unternehmen direkt ein Value-Unternehmen und aus dessen Aktie sofort eine Value-Aktie? Jein. Hier gibt es verschiedene Ansätze. Dazu und zu der Frage, wie Sie Growth-Aktien ermitteln, erfahren Sie im folgenden Abschnitt über Analysestrategien mehr. Um mit den Ausführungen über die Anlagestrategien zu schließen, müssen Sie sich vorerst lediglich merken, dass neben ETFs in Value- und Growth-Aktien Geld angelegt wird. Value-Aktien sind wertbeständig und krisenfest. Sie werden ebenfalls über längere Zeiträume gehalten und gehören zu den großen Unternehmen. Neben diesen Value-Aktien existieren mit Growth-Aktien Wertpapiere von Unternehmen, die gerade am Anfang ihres Wachstums stehen und bei höherem Risiko weitaus höhere Renditeaussichten bieten. In Growth-Aktien wird nicht langfristig über mehrere Jahre oder Jahrzehnte investiert, sondern kurzfristig. Entsprechende Zeiträume verlaufen über mehrere Wochen oder Monate. In Growth-Aktien wird das Geld abhängig von den Kursverläufen investiert. Hier erfolgt eine regelmäßige Variation des Portfolios, welches Sie somit aktiv managen müssen.

Fazit

❖ 30 bis 50 % – je nachdem, wie viel zuvor in ETFs investiert wurde – Ihres Kapitals zur Geldanlage werden in einzelne Aktien investiert.
❖ Der Großteil des Kapitals wandert in Value-Aktien, da diese langfristig ein solides Wachstum verzeichnen werden und das Risiko gering halten.

❖ Zehn bis 20 % des Kapitals wird in Growth-Aktien investiert. Dieser Teil des Portfolios ist der
einzige, der Woche für Woche und Monat für Monat
aktiv gemanagt werden muss. Ein solches Management erfordert ein aufmerksames Studium der
Nachrichten und Kursverläufe rund um das Unternehmen sowie die Branche, was im Folgenden
erklärt wird.

Ein Fehler von Anlegern ist, die jährlich ausgeschütteten
Dividenden nicht zu reinvestieren. Die Gewinnausschüttungen lassen sich zweifelsohne für den persönlichen
Konsum nutzen, was bedeuten würde, dass sie in ein neues
Kleidungs- oder Möbelstück oder in einen netten Ausflug
fließen. Dafür haben Sie jedoch Ihr geregeltes Einkommen,
von dem Sie monatlich einiges für den privaten Zweck
verwenden. Lassen Sie mit den Dividenden nicht die Grenzen
zwischen dem Privaten und der Geldanlage verschwimmen,
sonst werden Sie dazu immer mehr neigen. Viel besser sind
die Dividenden verwendet, wenn sie beispielsweise zum
Ausbalancieren des Portfolios genutzt werden: Hat unter
den Value-Unternehmen ein Unternehmen deutlich Kursge-
winn gemacht und ein anderes Unternehmen Kursverluste
verbucht, bedeutet es, dass das Portfolio eine andere Balance
als noch zu Beginn aufweist. Dies ist per se nichts Schlimmes,
aber Fakt ist, dass die Aktie des Unternehmens mit Kursverlust günstiger zu haben ist als früher und vielleicht sogar
unterbewertet ist. Jetzt ein Investment zu tätigen, kann sich
auf lange Sicht durchaus lohnen. Neben dem Ausbalancieren
des Portfolios lassen sich Dividenden nutzen, um sie ganz

simpel gleichmäßig in sämtliche Wertpapiere im Portfolio zu reinvestieren. Oder aber die Gewinnausschüttungen werden als Spielgeld verwendet, um auf ganz kleine, aber innovative Unternehmen zu setzen. Daraus leitet sich ein hohes Risiko, aber ebenso die Chance auf eine hohe Rendite ab. Sie wissen schließlich: *Amazon*, *Apple* und Co – am Anfang waren sie alle in der Garage und vergleichsweise günstig zu haben ... Machen Sie etwas aus Ihren Dividenden!

Analyse-Strategien für einzelne Aktien

Einzelne Aktien werden mit zwei Analysen untersucht: Zum einen mit der Fundamentalanalyse, zum anderen mit der Chart-Analyse. Die Fundamentalanalyse dient der Analyse eines Unternehmens und dessen Aktie. Sie untersucht also das Fundament einer jeden Investition, nämlich das hinter einer Aktie stehende Unternehmen. Durch die Fundamentalanalyse werden geeignete Unternehmen für ein Investment bestimmt. Bei der Chart-Analyse hingegen werden die Kursverläufe einer Aktie untersucht; und zwar mit dem Ziel, den geeigneten Kaufzeitpunkt für die Aktie zu bestimmen. Ebenso wird die Chart-Analyse während der Haltezeit einer Aktie angewandt, um zu ermitteln, wann die Aktie verkauft werden sollte.

Die Fundamentalanalyse ist sowohl bei Value-Aktien als auch Growth-Aktien wichtig, um ein Unternehmen auszusuchen, welches sich bestmöglich in das Value- bzw. Growth-Schema einfügt. Eine Chart-Analyse allerdings ist nur bei Growth-Aktien vorzunehmen. Value-Aktien sind äußerst wertbeständig und es wird mit langfristigem Anlagehorizont investiert. Growth-Aktien wiederum sollen einige Wochen oder Monate gehalten werden und in dieser Zeit eine möglichst hohe Rendite erzielen. Bei kurzen Zeiträumen ist Timing wichtig, also wird die Chart-Analyse angewandt.

Widmen wir uns zunächst der Fundamentalanalyse. Hierfür gibt es Kennzahlen, die zur Unternehmensbewertung herangezogen werden (vgl. Helbig, 2019):

- Kurs-Gewinn-Verhältnis (KGV): Besagt, wie hoch das Verhältnis des Kurses zum Gewinn des Unternehmens ist. Je geringer, desto besser ist es für Anleger
- Ausschüttungsquote: Sagt aus, wie hoch der Anteil vom Gewinn ist, den Unternehmen an Aktionäre ausschütten
- Gewinn vor Zinsen und Steuern (EBIT): Eignet sich insbesondere zum Vergleich internationaler Unternehmen, da die Steuersätze von Staat zu Staat unterschiedlich sind
- Cash-Flow: Das Geld, das in einer Periode (z. B. einem Jahr) zufließt und abfließt, wird anhand dieser Zahl abgebildet. Sie gibt Rückschlüsse auf die Liquidität des Unternehmens.
- Marktkapitalisierung: Börsenwert eines Unternehmens. Je höher er ist, desto stabiler ist das Unternehmen der Annahme nach und desto weniger schwanken die Kurse.
- Kurs-Buchwert-Verhältnis (KBV): Trägt zusammen, wie hoch das Verhältnis des Aktienkurses zum gesamten Vermögen des Unternehmens ausfällt
- Eigenkapital: Differenz aus Vermögen und Schulden des Unternehmens. Liefert Aufschluss darüber, inwieweit das Unternehmen auf eigenen Beinen steht
- Eigenkapitalrendite: Gewinn des Unternehmens wird ins Verhältnis zum Eigenkapital gesetzt. Je höher der Wert ausfällt, umso besser wirtschaftet das Unternehmen wahrscheinlich

Diese Kennzahlen lassen sich einerseits mit Formeln selbst errechnen, wobei die Jahresabschlussberichte über einzelne Zahlen des Unternehmens informieren und somit die Errechnung der Kennzahlen ermöglichen. Ein Großteil der Online-Broker und Websites führt diese Zahlen allerdings direkt auf, sodass eine Rechnung überflüssig ist. Der folgende Screenshot zeigt die Informationen, die die Website finanzen.net zum Konzern *BMW* angibt:

KENNZAHLEN BMW AKTIE

	2018	2019e	2020e	2021e	2022e
Dividende	3,50	2,91	3,16	3,35	3,50
Dividendenrendite (in %)	4,96	4,16	4,52	4,80	5,01
Ergebnis/Aktie	4,65	8,13	9,36	9,73	10,25
KGV	15,17	8,59	7,46	7,18	6,82

Geschäftsjahresende: 31. Dezember

Marktkapitalisierung in Mrd. EUR	44,93	Anzahl Aktien in Mio.	602,00
Streubesitz %	0,00	Gewinn/Aktie	10,45
KBV	1,06	Buchwert/Aktie	82,35
KCV	5,01	Cashflow/Aktie	17,72
KGV	8,50	Emissionspreis	
30 Tage Vola	16,46	90 Tage Vola	16,93
180 Tage Vola	19,76	250 Tage Vola	19,85

▸ Dividendenübersicht   ▸ historische Bilanz   ▸ Schätzungen   ▸ Ausblick

FUNDAMENTALANALYSE ZU BMW (QUELLE: THE SCREENER)

revid. Gewinn Prognose	⬆	★	Positive Analystenhaltung seit 15.10.2019
Bewertung	⬆	★	Leicht unterbewertet

Quelle: finanzen.net[5]

Die *ARD* geizt ebenfalls nicht mit Informationen auf der eigenen Webseite zur Börse, wo sie unter den Firmendaten u. a. die Jahresbilanzen von *BMW* zum Vergleich abbildet:

---

[5] https://www.finanzen.net/aktien/bmw-aktie

Bilanz

Jahresbilanz nach IFRS in Mio Euro. Das Geschäftsjahr endet am 31.12.

Bilanz	2018	2017	2016	2015	2014
Aktiva					
Kassenbestand und Guthaben bei Kreditinstituten	10.979,00	9.039,00	7.880,00	6.122,00	7.688,00
Forderungen aus Lieferungen und Leistungen	2.546,00	2.667,00	2.825,00	2.751,00	2.153,00
Vorräte	13.047,00	12.707,00	11.841,00	11.071,00	11.089,00
Forderungen aus laufender Steuer	1.366,00	1.566,00	1.938,00	2.381,00	1.906,00
Sonstiges Umlaufvermögen	55.600,00	45.603,00	42.380,00	39.506,00	34.008,00
Summe Umlaufvermögen	83.538,00	71.582,00	66.864,00	61.831,00	56.844,00
Sachanlagen	19.801,00	18.471,00	17.960,00	17.769,00	17.182,00
Immaterielle Vermögensgegenstände	10.971,00	9.464,00	8.157,00	7.372,00	6.499,00
Goodwill	385,00	380,00	364,00	364,00	364,00
Finanzanlagen	41.935,00	39.714,00	40.895,00	37.626,00	31.661,00
Summe Anlagevermögen	125.442,00	121.901,00	121.671,00	110.343,00	97.959,00
Latente Steuern	1.590,00	1.927,00	2.327,00	1.945,00	2.061,00
Rechnungsabgrenzungsposten	2.167,00	2.018,00	1.914,00	1.527,00	1.323,00
Summe Aktiva	208.980,00	193.483,00	188.535,00	172.174,00	154.803,00
Passiva					
Kurzfristige Finanzverbindlichkeiten	38.825,00	41.100,00	42.326,00	42.160,00	37.482,00
Verbindlichkeiten aus Lieferung und Leistung	9.669,00	9.731,00	8.512,00	7.773,00	7.709,00
Sonstiges kurzfristiges Fremdkapital	20.346,00	16.036,00	15.100,00	13.415,00	11.732,00

Quelle: kurse.boerse.ard.de[6]

Lassen Sie sich auf den Webseiten gern mit Informationen berieseln. Die Webseiten sind übersichtlich aufgebaut und gewähren einen zufriedenstellenden Einblick in alle wichtigen Kennzahlen. Dennoch – es sei an dieser Stelle nochmal die persönliche Lernbereitschaft betont – ist strikt empfohlen, dass Sie sich mit der Berechnung der Kennzahlen und noch genauer mit deren Aussagekraft befassen. Denn dann werden Sie die Zahlen am besten verstehen und ins Verhältnis zueinander setzen können. So wird Ihnen z. B. schnell auffallen, dass eine hohe Eigenkapitalrendite nicht zwingend das zum Ausdruck bringen muss, was sie nahelegt: Der Theorie nach bedeutet eine hohe Eigenkapitalrendite, dass das Unternehmen wenig Eigenkapital benötigt, um hohe Gewinne zu erwirtschaften. Dies klingt positiv. Doch

---

[6] https://kurse.boerse.ard.de/ard/kurse_einzelkurs_profil. htn?i=97172

vielleicht ist die Eigenkapitalrendite deswegen hoch, weil das Unternehmen über wenig Eigenkapital verfügt und sich zum Großteil aus Fremdkapital finanziert? Dies würde eine hohe Verschuldung suggerieren ... Wie Sie sehen: Nichts lässt sich mit einer Kennzahl sicher aussagen. Studieren Sie deswegen die Kennzahlen in Bezug zueinander aufmerksam, lernen Sie die Rechenformeln dahinter und fangen Sie an, die Unternehmen richtig zu bewerten.

Richtig bewerten: Damit sind wir an dem springenden Punkt angelangt. Wie erkenne ich eine Value-Aktie und wie eine Growth-Aktie? Aufschluss darüber liefern bestimmte Werte bei den Kennzahlen. Betrachten wir zunächst die Growth-Aktien, da deren Einstufung einfacher ist: Growth-Aktien zeichnen sich durch die Zuordnung zu einer Branche aus, der hohes Zukunftspotenzial nachgesagt wird. Es geht also darum, zunächst nach zukunftsträchtigen florierenden Branchen zu gucken (z. B. IT, E-Mobilität) und daraus das Unternehmen zu wählen, welches am frühesten den Markt betrat und die größten Marktanteile verbucht. Wer in die Vergangenheit schaut, wird erkennen, dass *Microsoft* und *Apple* den Markt für PCs neu erfanden und die zuvor nur als Produkte für Unternehmen gedachten PCs in den heimischen Haushalten etablierten. Sie befanden sich in einer Wachstumsbranche und tun dies nach wie vor. In dieser Wachstumsbranche hatten sie folgende zentrale Merkmale:

- Hohes KGV und KBV
- Geringe Verschuldung
- Geringe Ausschüttungsquote
- Hohes erwartetes Gewinnwachstum
- Höhere Kursschwankungen

Mittlerweile ist bei *Microsoft* und *Apple* vieles anders. Die hohen Kursschwankungen sind gewichen und auch die

Ausschüttungsquoten fallen mittlerweile höher aus. Die Unternehmen sind auf dem Markt etabliert, gehören zu den großen Unternehmen und sind nun den Value-Aktien zuzuordnen.

Wenn Sie Growth-Aktien bestimmen möchten, bringt es also nichts, sich in Indizes mit den größten Unternehmen umzuschauen. Im S&P 500 sind *Apple, Amazon* und *Adobe*. Im DAX sind *Rocket, adidas* und *Bayer*. Im Nikkei 225 sind *Aeon, Fujitsu* und *Bridgestone*. Doch egal, welches dieser Unternehmen man nehmen würde und wie viel Wachstumspotenzial sie hätten: Aufgrund der geringeren Kursschwankungen eignen sie sich nicht für eine kurzfristige Anlagestrategie zum Erwirtschaften hoher Gewinne. Vielmehr sind sie dazu da, um langfristig das Geld anzulegen. Sie müssen gezielt nach kleinen Unternehmen an der Börse Ausschau halten, welche Sie in den kleineren Indizes finden. Zudem lohnt es sich, Zeitschriften zu lesen, auf Messen zu gehen und sich über Newcomer in Zukunftsbranchen zu informieren. So glückt es, eine Growth-Aktie zu finden: Zwar hoch bewertet, aber noch günstig im Stückpreis und mit Renditen im zweistelligen Prozentbereich innerhalb weniger Wochen oder Monate.

Fazit:

❖ Growth-Aktien kommen aus aufstrebenden Branchen, denen ein großes Wachstum und eine erfolgreiche Zukunft prognostiziert werden
❖ Sie zeichnen sich durch eine hohe Bewertung und hohe Kursschwankungen aus
❖ Die Ausschüttungsquoten und die Verschuldung fallen gering aus

---

❖ Um Growth-Aktien zu finden, müssen Sie gezielt nach Unternehmen suchen, die schnell wachsen und dabei höhere Kursschwankungen mit sich bringen.

❖ Durch aufmerksames Beobachten der Kurse gelingt es Ihnen, zum richtigen Zeitpunkt einzukaufen und zu verkaufen, um die Gewinne zu realisieren.

Der richtige Zeitpunkt zum Kaufen und Verkaufen: Dieser wird bei Wachstumsunternehmen anhand des Trendsurfings bestimmt. Das Trendsurfing beschreibt William Lakefield in seinem Werk *Aktien für Einsteiger* (2019). Es ist eine Methode, mit der risikofreudigere Anleger ebenso wie auf Sicherheit bedachte Anleger aktiv sein können. Gemäß dem Spruch „Trend is your friend." (Der Trend ist Ihr Freund.) wird nach Trends im Kursverlauf verschiedener Aktien Ausschau gehalten. Ist der Anleger auf einen schnelleren Gewinn aus und jongliert mit viel Geld, so wird auf Stunden- oder Tagesbasis nach Trends Ausschau gehalten. Soll Vorsicht walten, erfolgt eine Betrachtung auf Wochen- oder Monatsbasis. Wir widmen uns der Analysestrategie auf Wochen- und Monatsbasis, da dies den Zeiträumen, in denen Gewinne und Verluste von Wachstumsunternehmen stattfinden, am ehesten entspricht.

Hinweis!

Das Trendsurfing auf Stunden- und Tagesbasis ist ein Vorgehen, von welchem beim CFD-Handel Gebrauch gemacht wird. CFDs (**C**ontracts **f**or **D**ifference; zu Deutsch: Differenzkontrakte) sind hochspekulative Wertpapiere, mit denen man gewissermaßen wettet. Online-Broker, die den CFD-Handel im Angebot haben, ermöglichen es, auf bestimmte Differenzen im

Kursverlauf zu wetten. Es sind auch Wetten auf negative Kursverläufe möglich, wobei von Verlusten des Kurses profitiert werden kann. Durch den Einsatz von Hebeln lässt sich das eigene eingesetzte Kapital sogar bis zum 30-fachen vergrößern, was allerdings bedeutet, dass nicht nur der Gewinn, sondern auch der Verlust um diesen Faktor steigt.

Im Falle der gewählten Growth-Aktie wird zunächst eine Fundamentalanalyse durchgeführt. Präsentiert sich das Unternehmen als gut aufgestellt und erfüllt die wichtigsten Kennzahlen gemäß den Erwartungen, werden die Kursverläufe in der bisherigen Geschichte untersucht. Idealerweise zeigen diese Kursverläufe aufwärts. Zwischenzeitliche Negativtrends sind normal, doch müssen insbesondere die letzten Kursverläufe weitestgehend konstant nach oben gezeigt haben, um von einem vielversprechenden Wachstumsunternehmen zu sprechen und sich einen Zugewinn zu erhoffen. Sehen die Kurse derart vielversprechend aus, dass sich ein Investment lohnen könnte, wird das Chart nun auf Hoch- und Tiefpunkte hin untersucht. Dabei ist jede Spitze, die nach oben zeigt, im Chart ein Hochpunkt, und jede Spitze, die nach unten zeigt, ein Tiefpunkt. Wir suchen beim Trendsurfing nach Aufwärts- und Abwärtstrends. Möchten wir eine Aktie kaufen, so tun wir dies stets im Aufwärtstrend, möchten wir sie verkaufen, dann immer im Abwärtstrend.

Ein Aufwärtstrend ist dann gegeben, wenn zwei aufeinanderfolgende Hochpunkte und zwei aufeinanderfolgende Tiefpunkte jeweils höher als ihre Vorgänger sind. Das bedeutet in der Praxis: Sie stellen fest, dass ein Hochpunkt über dem letzten liegt. Vom Hochpunkt aus geht es für die Aktie zunächst wieder nach unten. Ist der neue Tiefpunkt höher als der letzte, dann ist das ein weiteres Indiz für einen Aufwärtstrend. Nachdem die Aktie aus diesem höheren Tiefpunkt wieder aufsteigt, läuft sie zum nächsten Hochpunkt. Sollte dieser erneut höher als der vorige liegen, ist die nächste Bestätigung für einen Aufwärtstrend gegeben. Aus dem höheren Hochpunkt geht es hinab ins nächste Tief. Ist der Tiefpunkt höher als der letzte und geht dann ins nächste Hoch über, dann ist der Aufwärtstrend gewiss. Sie kaufen, sobald es aus dem letzten und eben genannten Tiefpunkt wieder hinauf geht. In diesem Fall kaufen Sie möglichst günstig ein.

Sie halten die Aktie solange, bis ein Abwärtstrend eintritt. Damit ein Abwärtstrend gegeben ist, müssen die soeben erwähnten Voraussetzungen erneut, nur diesmal nach unten in die entgegengesetzte Richtung, gegeben sein. Dies bedeutet: Zwei aufeinanderfolgende Tief- und Hochpunkte, die jeweils tiefer liegen als die letzten beiden, läuten den Abwärtstrend ein. Sie verkaufen, sobald die Aktie aus dem letzten Hoch zu fallen beginnt. So verkaufen Sie noch möglichst teuer. Neben diesem Verkaufszeitpunkt lohnt es sich, einen weiteren Verkaufszeitpunkt zu definieren, nämlich den Stop-Loss. Denn es kann vorkommen, dass keine zwei aufeinanderfolgenden und den Abwärtstrend einläutenden Hoch- und Tiefpunkte vorhanden sind, sondern der Kurs in einem Tief rapide einbricht.

Beispiel

Ein unerwartetes und plötzliches Tief sorgt für einen Kursverlust, der Ihr gesamtes eingesetztes Kapital nach und nach schmelzen lässt oder gar zum Verlust führt. Sie aber warten noch, bis die Rechnung vom Abwärtstrend aufgeht. Haken: Rechnungen und Chart-Analysen gehen nicht immer auf! Setzen Sie sich deswegen zuvor einen fest definierten Kurswert, zu dem Sie die Aktien verkaufen, falls der Kurs in einem Tief unaufhörlich im Fallen ist.

Das Trendsurfing ist nichts für schwache Nerven. Es ist der aktiv gemanagte Teil Ihres Portfolios, der aufgrund der Wachstumsunternehmen Ihrer Aufmerksamkeit bedarf. In keinem Fall ist es vergleichbar mit Daytrading, aber eine Anlage wie in Value-Aktien und ETFs, bei der Sie einige Jahre und Jahrzehnte abwarten und jedes halbe Jahr ins Portfolio schauen, ist es keineswegs. Halten Sie deswegen den Anteil an Growth-Aktien im Portfolio mit zehn bis maximal 20 % am geringsten und versuchen Sie, diese zehn bis 20 % in maximal drei bis fünf Wachstumsunternehmen zu investieren. Probieren Sie sich zuerst an einer virtuellen Börse aus, ehe Sie reales Geld in die Growth-Aktien anlegen. Bis Sie mit der Anlage realen Geldes in Wachstumsunternehmen beginnen, können Sie die verbliebenen zehn bis 20 % in ETFs investieren. Dies verschafft viel Sicherheit und beruhigt Sie. Bedenken Sie bei alledem: Trends sind keine Garantie, sondern eben nur Trends. Sie folgen keinen mathematischen Formeln und sind somit komplett unberechenbar. Sollte der Kurs kurz nach oben steigen und einen idealen Einstiegs-zeitpunkt suggerieren, aber nach Ihrem Einstieg rapide und unaufhörlich fallen, dann sind Sie in eine sogenannte Bullen-falle getappt. Deswegen gilt: Der Großteil Ihres Engagements im Aktienhandel besteht in der langfristigen Kapitalanlage anhand der zuvor geschilderten Strategien. Allerdings: Die hohen Renditechancen von bisweilen 100 % oder gar noch mehr machen die Verluste, die beim Investment in Growth-Aktien eintreten können, angemessen wieder wett und eröffnen Ihnen die Chance, mit Ihrem eigenen Portfolio und mehreren Jahren Übung sogar den Markt schlagen zu können.

Fazit:

❖ Bei Growth-Aktien folgen Sie im Chart Auf- und Abwärtstrends: Zwei Mal ein Hoch und zwei Mal ein Tief hintereinander, die jeweils höher als die letzten sind, bedeuten einen idealen Kaufzeitpunkt. Zwei Mal ein Hoch und zwei Mal ein Tief hintereinander, die jeweils tiefer als die letzten liegen, signalisieren den Verkaufszeitpunkt.

❖ Sie betrachten die Trends bei Growth-Aktien entweder auf Wochen- oder Monatsbasis; je nachdem, was bei der jeweiligen Aktie aufgrund deren Performance Sinn ergibt.

❖ Neben dem Abwärtstrend sollten Sie bei einem bestimmten Kurswert einen Stop-Loss definieren, zu dem Sie die Aktie definitiv verkaufen, sobald sie sich in einem zu starken Fall befindet.

Es verbleiben noch einige Worte zu Value-Aktien, die noch nicht hinlänglich definiert wurden und zu denen nicht genug Ratschläge gegeben wurden: Mittlerweile ist klar, dass eine Value-Aktie zu einem etablierten Unternehmen gehört und sich durch einen hohen inneren Wert auszeichnet. An der präzisen Definition von Value-Aktien und „hohen inneren Werten" scheiden sich die Geister. Warren Buffet, der bekannteste Investor der Welt und einer der reichsten Menschen der Erde, definiert Value-Aktien u. a. anhand der folgenden Aspekte:

• Das Kurs-Gewinn-Verhältnis liegt bei weniger als 10 – die Aktie muss unterbewertet sein.
• Das Gewinnwachstum beträgt mehr als 10 %.
• Die Ausschüttungsquote liegt bei mehr als 4 %.
• Die Eigenkapitalrendite liegt bei mindestens 15 %.

Es wird in etablierte Unternehmen investiert, die allerdings unterbewertet sind. Wichtig ist, dass die Unterbewertung aus Launen des Marktes heraus resultiert. So können schlechte Nachrichten, die den Kurs rapide nach unten treiben, ein Zeichen für einen idealen Einstiegszeitpunkt sein. Auch ein Börsencrash, der zunächst ein gravierendes Problem zu sein scheint, eignet sich, um zu kaufen. Denn die etablierten Unternehmen werden sich rehabilitieren und der Kurs wird steigen. Warren Buffet kaufte am liebsten in Zeiten, in denen die Anleger voller Panik verkauften.

Neben dieser Strategie, wertbeständige Aktien dann zu kaufen, wenn sie unterbewertet sind, und diese als Value-Aktien zu bezeichnen, gibt es noch einen einfacheren Weg: Es werden alle Unternehmen in großen Indizes als Value-Aktien angesehen und davon werden einige dem Portfolio beigemischt. Somit erhalten Sie im Prinzip so etwas wie beim ETF, nur, dass Sie einzelne Unternehmen, die Ihnen besonders zusagen, stärker gewichten können. Wenn Sie für Ihr Portfolio beispielsweise von den 30 DAX-Unternehmen nur zehn als Value-Aktien heraussuchen, können Sie danach segmentieren, welche Unternehmen in Branchen sind, die in der Zukunft Wachstumspotenzial haben, wie beispielsweise die Pharmaindustrie. Diese Branche ist sogar konjunkturunabhängig gefragt, da Menschen immer Medikamente und Arzneimittel brauchen werden. Das Unternehmen *BAYER* würde sich somit empfehlen. Auch der Konzern *Merck* wäre fürs Portfolio geeignet.

Abschließendes Knowhow zur Geldanlage in Aktien und Wertpapiere

Depot und Broker günstig online sichern

Gehen Sie in die lokale Niederlassung einer der Filialbanken und kundschaften Sie aus, wie viel ein Depot kostet und wie

35

viel die Orders an den Broker kosten. Vergleichen Sie es mit dem Angebot von Direktbanken (also Online-Banken) und Online-Brokern. Sie werden erstaunt sein, wie groß die Unterschiede sind! Online-Broker haben die günstigsten Angebote: Hier sind die Depots nahezu immer kostenlos und die Orders haben geringe Mindestgebühren von um die 4 € oder einen geringen Anteil des Ordervolumens, der sogar bei weit unter einem Prozent liegen kann. Direktbanken halten vom Angebot her gut mit, sind jedoch teurer als die Online-Broker. Dafür bieten sie den Vorteil an, dass Sie zusätzlich ein günstiges Girokonto einrichten können. So haben Sie all Ihre Finanzen direkt auf einen Blick.

Steuern richtig angeben

Bevor Sie einen Fehler machen und dem Staat Geld schenken: Steuern müssen Sie nur auf realisierte Gewinne zahlen! Sollten Sie die Aktien nur halten und nicht verkaufen, müssen Sie auf die Kursgewinne keine Steuern zahlen. Lediglich auf die Dividenden fallen während der Haltezeit von Aktien Steuern an. In dem Jahr, in dem die Dividendenausschüttung erfolgt, geben Sie den auf Ihr Konto überwiesenen Betrag in der Steuererklärung unter den Einkünften aus Kapitalvermögen an. Sollten Sie Aktien verkaufen und dabei Gewinne realisieren, geben Sie dies ebenfalls unter den Einkünften aus Kapitalvermögen an. Auf alle Einkünfte aus Kapitalvermögen fällt eine Abgeltungssteuer von 25 % an. Auf diese Abgeltungssteuer werden der Solidaritätszuschlag und bei einer Kirchenzugehörigkeit die Kirchensteuer angerechnet, sodass es schlimmstenfalls zu einer Steuerzahlung in Höhe von knapp 27 % kommt. In Sonderfällen lassen sich die Depot- und Ordergebühren steuerlich absetzen. Allerdings sind dies komplizierte Fälle, die vom Finanzamt einer Individualbeurteilung unterzogen werden. Es macht somit keinen Sinn, näher auf dieses Nischenthema einzugehen. Wählen Sie einen Online-Broker oder eine Direktbank, dann entfallen die

Depotgebühren ohnehin und die Order-Gebühren bewegen sich in einem humanen Rahmen.

Anleihen als mögliche Beimischung für mehr Sicherheit

Anleihen sind eine Art von Wertpapieren, bei der Sie gewissermaßen einen Kredit an den Emittenten vergeben. Der Emittent ist das Unternehmen, der Staat oder die Institution, die Anleihen frei zum Kauf hergibt. Kaufen Sie eine Anleihe, dann vergeben Sie den Kredit. Staatsanleihen von Staaten mit hoher Kreditwürdigkeit sind mittlerweile nicht lukrativ, da es für die Sicherheit des Geldes Negativzinsen zu zahlen gibt. Bei einer geringen Kreditwürdigkeit des Staates sind die Zinsen lukrativer – doch wer sichert Ihnen zu, dass Sie das Geld definitiv zurückerhalten? Suchen Sie längere Zeit nach Unternehmen, Institutionen und Staaten, die eine hohe Kreditwürdigkeit aufweisen und hohe Zinsen anbieten, dann werden Sie irgendwann fündig. Meistens hat die Sache aber einen Haken, wie zum Beispiel moralische Fragwürdigkeit.

> **Beispiel**
>
> Der Waffenhersteller *Heckler & Koch GmbH* hat am 15. Dezember 2017 Anleihen mit einem zugesicherten Zins in Höhe von 6,5 % emittiert[7]. Dies bedeutet, dass Sie jedes Jahr auf Ihr investiertes Kapital Zinsen in Höhe von 6,5 % gezahlt bekamen und am Ende der fünfeinhalbjährigen Laufzeit der Anleihe Ihren investierten Betrag komplett wiedererhielten. In Zeiten der Niedrigzinsphase eine beachtliche Zinspolitik. Das Unternehmen hat zudem eine sehr gute Bonität. Doch die Frage – deswegen

---

[7] https://www.finanzen.net/anleihen/a2g8u9-heckler-koch-anleihe

mussten die Zinsen überhaupt erst so hochgeschraubt werden – nach der moralischen Verwerflichkeit eines Investments in einen Waffenhersteller wiegt schwer.

Sollten Sie eine lukrative Anleihe finden, dann ist es aufgrund der guten Sicherheit durch den zugesicherten Zins eine optimale Ergänzung fürs Portfolio. Denkbar ist die Strategie, Dividenden über zwei bis drei Jahre anzusparen und dann zu einem größeren Betrag in eine festverzinsliche Anleihe anzulegen.

Zusammenfassung

Die Geldanlage in Aktien erfolgt im Idealfall anhand eines fest definierten Schemas und mit möglichst langfristigem Horizont. Aus diesem Grund sollten 50 bis 70 % der Wertpapiere im eigenen Portfolio ETFs sein. Diese sind passiv gemanagt und erfordern von Ihnen keinen Aufwand bei der Unterhaltung des Portfolios. Weitere 20 bis 30 % wandern in Value-Aktien. Es handelt sich hierbei um Aktien etablierter Unternehmen, die Krisen und Crashs überlebt haben und in den großen Indizes gelistet sind. Sind Value-Aktien zurzeit schlecht bewertet, ergibt sich ein idealer Einstiegszeitpunkt. Die letzten zehn bis 20 % des Portfolios bilden Wachstums-Aktien, die aktiv gemanagt werden. Schauen Sie in Wochen- oder Monatsabständen nach Trends in Aktien von Unternehmen, die sich gerade erst am Anfang des Wachstums befinden. Setzen Sie sich klare Grenzen für die Verkaufszeitpunkte, um bei diesem aktiven Teil Ihres Portfolios keine Totalverluste zu riskieren. Growth-Aktien stellen die ideale Beimischung fürs Portfolio dar, um die Renditechancen beträchtlich zu steigern. Wählen Sie parallel einen günstigen Online-Broker oder eine preiswerte Direktbank, dann sind Sie auf der besten Seite, um langfristig und mit dem bestmöglichen Ertrag Ihr Geld in Wertpapiere anzulegen.

Immobilien: Vermieten oder selbst nutzen – was lohnt sich mehr?

In einer Zeit der limitierenden Glaubenssätze und Unruhen auf der ganzen Welt glauben die wenigsten Personen an die Möglichkeit, sich eine eigene Immobilie bereits in jungem Alter finanzieren zu können. Doch eine genaue Auseinandersetzung mit dem Thema zeigt: Auch – oder insbesondere – in jungem Alter mit der ersten unbefristeten Festanstellung nach Studium oder Ausbildung ist es am besten möglich, sich den Traum von der eigenen Immobilie zu erfüllen. Dabei lohnt sich zunächst eine Immobilie zur Vermietung, da hier in der Regel geringere Finanzierungsvolumina notwendig sind als bei dem erträumten Eigenheim. Es beginnt mit dieser einen Immobilie und endet bei disziplinierter Durchführung eines umfassenden Immobiliensparplans in einem Vermögen, welches sich aus mehreren Immobilien zusammensetzt. Gehen Sie dieses Kapitel durch und beginnen Sie daran zu glauben, dass sogar im jungen Alter das „Betongold", wie Immobilien in Anspielung auf Ihren Mehrwert genannt werden, greifbar nah ist.

Immobilien: Zwischen Traum und Realität

Im Gegensatz zu Aktien und anderen Wertpapieren gibt es wohl kaum eine Person, die zu einer Geldanlage in Immobilien „Nein" sagen würde. Ein Großteil der Personen träumt dabei stets vom Eigenheim: Ein Haus für die ganze Familie, mit einem großen Garten und reichlich Platz zum Spielen für die Kinder – das ist an dieser Stelle nicht (nur) der American Dream, sondern (auch) der deutsche Traum. Schaut man sich die Wohneigentumsquote in Deutschland an, dann ist es im Vergleich mit dem überwältigenden Großteil der EU-Staaten für viele Personen wirklich ein Traum:

Nationen	Anteil der Bevölkerung mit Wohneigentum
Rumänien, Kroatien, Slowakei	>90%
Litauen, Ungarn, Polen, Bulgarien, Estland, Norwegen, Lettland	80-90 %
Tschechische Republik, Spanien, Slowenien, Portugal, Griechenland, Belgien, Italien, Finnland	70-80 %
Irland, Niederlande, Schweden, Vereinigtes Königreich, Frankreich, Dänemark	60-70 %
Österreich	55 %
Deutschland	51,4 %
Schweiz	41,3 %

Quelle: statista.com[8]

Der EU-Durchschnitt liegt derweilen bei 69,3 %. Wir stellen somit fest, dass Deutschland einerseits auf dem vorletzten Platz rangiert, andererseits weit unter dem EU-Durchschnitt liegt. Nun wird man zweifellos damit argumentieren können, dass im Großteil der Staaten, die Wohneigentumsquoten oberhalb der 80 % aufweisen, Wohneigentum besonders günstig ist. Doch dies würde in einer Argumentation der Tatsache nicht gerecht werden, dass Personen in diesen Ländern weniger verdienen und es trotz des geringeren

---

[8] https://de.statista.com/statistik/daten/studie/155734/umfrage/wohneigentumsquoten-in-europa/

Preises für Wohneigentum alles andere als einfach haben, sich dieses Wohneigentum zu sichern.

Man debattiere, wie man will, so ist die unabwendbare Tatsache dennoch die, die in der Tabelle geschrieben steht: Wohneigentum ist in der deutschen Bevölkerung im europaweiten Vergleich nur gering vorhanden. Woran könnte dies liegen?

Eine Studie des IW (Institut für Deutsche Wirtschaft) Köln[9] hat sich dieser Frage gewidmet und dabei untersucht, wie alt der durchschnittliche Immobilienerwerber ist. Die Studie stammt aus dem Jahr 2018, bringt dafür aber einige nachvollziehbare Probleme hervor, die zweifellos auch heute aktuell sein werden. Insbesondere die Tatsache, dass in der aktuellen Niedrigzinsphase und bei guter Konjunktur keine Käufe durch Personen getätigt werden, wirkte überraschend. Dies sei der Studie zufolge in Ländern wie den Niederlanden und Dänemark anders gewesen, als niedrige Zinsen herrschten: Die Wohneigentumsquote stieg an. Als eine der Hauptursachen für den Missstand in Deutschland wird das erforderliche Eigenkapital für Finanzierungen ausgemacht.

Dass Finanzierungen benötigt werden, um ein Kaufvorhaben in hoher fünf- oder sechsstelliger Höhe zu realisieren, ist nachvollziehbar. Schwer wird es allerdings, die 20 bis 30 % erforderliches Eigenkapital einzubringen, wenn die hohen Kaufnebenkosten hinzukommen. Für diese ist die Bundesregierung maßgeblich verantwortlich, weswegen sich eine politische Frage auftut. Allein die Grunderwerbsteuer stellt mit – je nach Bundesland – 3,5 bis 6,5 % Anteil am Kaufpreis eine Hürde dar. Hinzu kommen die Maklergebühren, die in den meisten Bundesländern komplett vom Käufer getragen werden müssen. Die Maklergebühren liegen zwischen

---

[9] https://www.haufe.de/immobilien/entwicklung-vermarktung/marktanalysen/iw-studie-wohneigentum-in-deutschland-stagniert_84324_444164.html

3,57 und 7,14 %, wobei sich die Lage von Bundesland zu Bundesland erneut unterscheidet. Da der Eigentümer die Immobilie verkaufen möchte, ließe sich über das Bestellerprinzip diskutieren: Wer den Makler bestellt, muss auch dafür zahlen. Die Notar- und Grundbuchkosten sind gesetzlich geregelt und liegen in einem humanen Rahmen. Somit gibt es unter den Nebenkosten zwei große Posten, bei denen Verbesserungspotenzial bestünde: Grunderwerbsteuer und Maklergebühren.

> ## Beispiel
>
> Wer eine Wohnung für 120.000 € im Bundesland Brandenburg kauft, muss als Käufer Maklergebühren von 7,14 %[10] tragen und eine Grunderwerbsteuer in Höhe von 6,5 % entrichten[11]. Dies bedeutet, dass zusätzlich zum Kaufpreis Maklergebühren von 8.568 € und Grunderwerbssteuern von 7.800 € anfallen. Dies sind insgesamt 16.368 €, dazu kommen noch pauschal angesetzte Notarkosten um die 2.000 €.

Allein die Logiken, für einen Makler komplett allein aufzukommen, den man selbst nicht beauftragt hat, und damit dem Verkäufer den Verkauf zu finanzieren und Steuern dafür zu zahlen, dass man sich etwas kauft, wirken auf Newcomer in der Welt der Immobilien irritierend. Doch dies ist die unleugbare Gesetzeslage. In Kombination mit dem von Banken für eine Finanzierung geforderten Eigenkapital in Höhe von 30 % ergeben sich 56.000 €, die ein Antragsteller in dem vorigen Beispiel für eine Finanzierung auf dem Konto haben

---

[10] https://www.immoverkauf24.de/immobilienmakler/makler-provision/#hausverkauf-check-3

[11] https://www.immoverkauf24.de/immobilienverkauf/immobilienverkauf-a-z/grunderwerbsteuer/

muss. Es ließen sich seitens des Staates zumindest kleine Maßnahmen ergreifen, wie beispielsweise das Bestellerprinzip bei der Bezahlung des Maklers zu etablieren. Zudem wäre es eine Lösung, die Grunderwerbsteuern in Raten zahlen zu lassen. All dies würde den Kapitalbedarf für Finanzierungen reduzieren. Aber momentan ist keine Lösung in Sicht, dafür aber gibt es Konzepte, die diese Probleme reduzieren oder ein Stück weit verändern. Diese werden Sie noch im weiteren Verlauf kennenlernen, sobald es explizit um die Geldanlage in Immobilien geht.

Beachtliche Renditen stehen in Aussicht

Bei den Renditen, die Immobilien in Aussicht stellen, werden Immobilien für den Großteil der Bevölkerung nicht nur zum Wohnen, sondern auch zum Vermieten interessant. Populär sind in Deutschland die *Big 7*; auch *Top 7* und *Big Cities* genannt. Es sind die sieben Städte, die für die Immobilienwirtschaft am bedeutendsten sind und vergleichsweise hohe Mieten vorzuweisen haben:

- Berlin
- Düsseldorf
- Frankfurt am Main
- Hamburg
- Köln
- München
- Stuttgart

Diese sieben Städte haben neben den hohen Durchschnitts und Spitzenmieten als zentrale Merkmale einen geringen Flächenleerstand, eine geringe Leerstandsquote der Immobilien und einen hohen Flächenumsatz. Schaut man sich nur die Durchschnittsmieten und die Durchschnittskaufpreise im letzten Jahr (2019) am Beispiel einer 60-m²-Wohnung an, dann wird deutlich, wieso diese Städte „big" sind:

43

Stadt	Durchschnitts-miete (pro m^2)	Durchschnittskaufpreis (pro m^2)
Berlin	11,63 €	4.299,96 €
Düsseldorf	11,17 €	3.695,99 €
Frankfurt am Main	15,29 €	5.667,27 €
Hamburg	12,31 €	4.704,80 €
Köln	11,70 €	3.789,87 €
München	18,98 €	7.822,32 €
Stuttgart	15,98 €	4.432,56 €

Quelle: wohnungsboerse.net[12]

Diese Zahlen allein sind für Sie vielleicht nur bedingt aussagekräftig. Besser wird es, wenn Sie dies auf die 60-m^2-Wohnung hochrechnen und mit Ihren Verhältnissen vergleichen. Darüber hinaus hilft ein Vergleich mit dem Durchschnittwert in Deutschland: Im gesamten Staat haben 60-m^2-Wohnungen pro m^2 3.430,84 € zum Kauf und 7,87 € zur Miete gekostet[13].

Hinweis!

Zwar gibt es Städte, in denen die Durchschnittsmieten und Durchschnittspreise noch höher ausfallen, doch geht es bei den Big 7 auch um die anderen genannten Kriterien, wie beispielsweise geringe Leerstandsquoten. Diese sind in den genannten Städten äußerst gering: Wohnraum wird benötigt und ist schwer zu erhalten. Es gibt phasenweise 100 Bewerber auf einzelne Wohnungen. Der Staat

---

[12] https://www.wohnungsboerse.net/
[13] https://www.wohnungsboerse.net/

hat, damit die Mieten nicht unkontrolliert in die Höhe schnellen, für „eine ausreichende Versorgung der Bevölkerung mit Mietwohnungen" im §558 BGB (Bürgerliches Gesetzbuch) eine Kappungsgrenze für Mieterhöhungen festgelegt[14]. Diese gilt in Städten, in denen die Mietverhältnisse vergleichbar zu oder gleich denen in den Big Cities sind.

Diesen Kappungsgrenzen zum Trotz wäre ein Investment in Immobilien nach wie vor in den großen sieben Städten Deutschlands lukrativ. Allerdings ist das Problem für den Durchschnittsverdiener und zunehmend auch für vermögendere Personen, dass die Preise zum Kauf von Immobilien derart hoch und rasant im Steigen sind, dass ein Kauf kaum noch zu finanzieren ist. Die Entwicklung von Mieten und Kaufpreisen für Immobilien in den Big 7 sei hier erneut anhand des Beispiels einer 60-m^2-Wohnung aufgeführt:

Stadt	Mietentwicklung 2011-2019	Preisentwicklung 2011-2019
Berlin	+88,49 %	+306 %
Düsseldorf	+27,37 %	+193 %
Frankfurt am Main	+48,45 %	+264 %
Hamburg	+41,66 %	+188 %
Köln	+46,98 %	+211 %
München	+58,83 %	+211 %
Stuttgart	+76,38 %	+201 %

Quelle: wohnungsboerse.net[15]

---

[14] https://www.gesetze-im-internet.de/bgb/_558.html
[15] https://www.wohnungsboerse.net/

Hätten Sie 2011 in einer der Big Cities Kapital in Immobilien angelegt, dann wäre dieser Tabelle zufolge deren Wert um mindestens 188 % angestiegen. Nun geht es dabei lediglich um den Wert der Immobilie; will meinen: Sie müssten die Immobilie wieder verkaufen, um diesen Gewinn von mindestens 188 % zu realisieren. Allerdings haben Sie in der Zwischenzeit vom Mietanstieg profitiert. Immerhin die Miete erhalten Sie monatlich gezahlt. Auch hat nicht jede Immobilie einen solchen Wertanstieg verbucht. Zum einen handelt es sich nur um 60-m²-Wohnungen, zum anderen ist die Lage innerhalb einer jeden Stadt entscheidend. Des Weiteren haben wir gelernt, dass mittlerweile die Immobilien in den Big Cities immer schwerer erschwinglich sind. Allem voran in Top-Lagen werden kleine Anleger vergeblich nach bezahlbaren Immobilien suchen. Wieso beschäftigen wir uns also so vergleichsweise lange mit den Big Cities?

Ganz einfach; weil deren Entwicklung, Zahlen und Fakten veranschaulichen, wohin es mit Immobilien in anderen Städten gehen kann. Denn es gibt mittlerweile eine Fülle an B-Städten und sogar C-Städten, in denen die Immobilien äußerst erschwinglich sind und die Mieten sowie Immobilienpreise erst am Anfang ihrer Entwicklung stehen. Bereits jetzt zeigt sich in einzelnen Städten eine klare Entwicklung aufwärts und viele freie Immobilien in guten zentralen Lagen warten darauf, dass Anleger investieren. Schaut man sich die Mietspiegel an, dann spiegelt sich in den Zahlen der B- und C-Städte ebenso wie bei den Big Cities eines wider: Die Perspektive, das eigene Kapital richtig klug anzulegen und damit im Verlaufe der Jahre ein Vermögen aufzubauen! Ein genauer Blick zeigt, dass sogar junge Leute es nicht zwingend schwer haben müssen, eine Immobilie zu finanzieren. Es ist alles nur eine Frage des richtigen Konzepts und der Kontakte ...

Konzepte, Kontakte & Lage: Wann Immobilien zur Geldanlage wirklich vielversprechend sind

Eine Immobilie allein ist nicht sofort eine Garantie dafür, dass das eigene Kapital gedeihen wird. Was sich bei Privatanlegern jedoch durch und durch bewährt hat, ist die Kapitalanlage in Wohnungen. Alternativen zu Wohnungen wären Häuser und Gewerbeimmobilien. Zweifelsohne werden Häuser an Wert gewinnen und auch eine Miete abwerfen, doch betrachten wir das Kosten-/Nutzen-Verhältnis, so wird schnell offensichtlich, dass Wohnungen zur Vermietung lukrativer sind. Dies liegt daran, dass bei Häusern eine gehörige Menge des Preises für das zum Haus gehörige Grundstück – also quasi den Garten – gezahlt wird. Zwar wird beim Wohnungskauf anteilig ein Stück des Grundstücks erworben, aber der Hauptbestandteil ist die Wohnung an sich, die bei Vermietung auch den größten Ertrag abwirft. Des Weiteren sind Häuser häufig außerhalb von Stadtzentren gelegen. Die Stadtzentren weisen viele öffentliche Einrichtungen, Läden, Sehenswürdigkeiten, Restaurant u. Ä. auf. Dementsprechend sind Wohnungen im Vergleich zu Häusern das lukrativere, günstigere und einfachere Investment. Verbleiben im Vergleich die Geschäftsimmobilien: Diese sind wesentlich riskanter, da Geschäftsraum weniger benötigt wird als Wohnraum. Insbesondere die Tatsache, dass die Immobilien bereits durch das vorige Geschäft aufgrund ihrer Ausstattung auf ein bestimmtes Gewerbe beschränkt sind, verkompliziert die Vermietung. Eine Gewerbeimmobilie direkt im Zentrum einer der Big 7 Städte wird sich lohnen – zweifellos. Gleiches gilt für angesagte Shopping-Meilen, wie es z. B. beim Kurfürstendamm in Berlin der Fall ist. Doch wer kann sich schon eine Geschäftsimmobilie im Zentrum einer Stadt oder an beliebten Shopping-Meilen leisten? Und wann wird überhaupt mal eine Immobilie dort frei? Die Antworten auf beide Fragen werden mutmaßlich pessimistisch ausfallen.

Also gilt bis hierhin die Devise: Wohnungen kaufen und vermieten! Gehen wir nun Schritt für Schritt die Kapitalanlage in Immobilien durch, denn alles beginnt mit der ersten Wohnung ...

Erste Wohnung: Wie bekomme ich die Finanzierung hin?

Wie wir im ersten Unterkapitel dieses Kapitels erfahren durften, bewegt sich die Immobilienfinanzierung aufgrund der hohen Anforderungen ans Eigenkapital zwischen Traum und Realität. Wie wird sie zur Realität?

An dieser Stelle stellt sich die Frage, ob Sie eine Immobilie selbst aussuchen und finanzieren möchten oder ob Sie dies mit professioneller Hilfe zu tun gedenken. Gehen wir zunächst davon aus, dass Sie die Mission Kapitalanlage in Immobilien selbst in Angriff nehmen. In diesem Fall kommen Sie an 20 bis 30 % Eigenkapital als Rücklage **und** einer ausreichenden Summe zur Deckung der Kaufnebenkosten auf Ihrem Konto nicht vorbei. Da eine Immobilie, in die Sie Ihr Kapital anlegen, nicht unbedingt vor Ihrer Haustür liegen muss, ist es klug, das Bundesland so auszuwählen, dass Sie für den Erwerb der Immobilie die geringsten Kaufnebenkosten zahlen müssen. So können Sie aus den teuersten Szenarien in Brandenburg, Berlin, Hessen, Saarland, Schleswig-Holstein und Thüringen, wo Sie jeweils mehr als 10 % allein für die Grunderwerbssteuer und den Makler zahlen müssen, durch den Kauf von Immobilien in Sachsen-Anhalt, Sachsen und Rheinland-Pfalz auf knapp 7 bis 9 % kommen.

Zwischenfazit:

❖ Kaufen Sie Immobilien zur Kapitalanlage vorwiegend in Sachsen, Sachsen-Anhalt und Rheinland-Pfalz.

❖ Hier fallen geringere Beträge für Grunderwerbsteuer und Maklerprovisionen für Käufer als in anderen Bundesländern an.

- In Sachsen: 7,07 % des Kaufpreises
- In Sachsen-Anhalt: 8,57 % des Kaufpreises
- In Rheinland-Pfalz ebenfalls 8,57 % des Kaufpreises

❖ Sie sparen gegenüber anderen Bundesländern mehrere Tausend Euro und können die Finanzierung leichter realisieren.

Nun werden sich Ihnen womöglich einige Fragen stellen. Die erste wird in die Richtung gehen, inwiefern eine Immobilie Sinn macht, die unter Umständen in einem komplett anderen Bundesland liegt und über die Sie nicht wachen können. Tatsache ist, dass vor allem eine solche Immobilie Sinn macht. Denn als Vermieter möchten Sie nicht, dass der Mieter Sie mit jeder Kleinigkeit, bei welcher er Hilfe benötigt, konfrontiert. Sind Sie weiter fort, dann weiß der Mieter von vornherein, dass er auf sich gestellt ist. Sie profitieren von einer Distanz, die es Ihnen ermöglicht, passiv Geld zu verdienen und sich nicht permanent aktiv um die Vermietung kümmern zu müssen. Für kleine Anliegen haben Sie sehr wohl in einem Wohngebäude jemanden, der sich kümmert: Nämlich die Hausverwaltung. In der Übersicht über die Kosten für eine Immobilie, die noch in den weiteren

Unterkapiteln kommen wird, werden Sie merken, dass eine Hausverwaltung aufs Jahr gerechnet geringe Kosten verursacht, aber Ihnen die wichtigsten Pflichten abnimmt. Sie ist da, um Fragen von Mietern zu beantworten, das gesamte Wohngebäude instand zu halten und zu überprüfen, dass alles nach den Vorstellungen der Vermieter läuft.

Da in den genannten Bundesländern mehrere aufstrebende Städte vorhanden sind, wo die Immobilienpreise human sind, aber aller Voraussicht nach zusammen mit den Mieten noch mächtig Wachstumspotenzial haben, lohnt sich ein Investment in die genannten Bundesländer Sachsen, Sachsen-Anhalt und Rheinland-Pfalz umso mehr. Um Ihnen einen Auszug an Städten zu geben, in denen Sie in den genannten Bundesländern vielversprechend in Immobilien investieren können: Dresden, Leipzig, Halle, Magdeburg, Trier und Kaiserslautern. Hervorzuheben sind allem voran die Städte Dresden, Leipzig und Trier.

Falls Sie von einem Eigenheim träumen, werden Sie sich fragen, wieso Sie eine Immobilie zur Vermietung finanzieren sollten und nicht in die erste finanzierte Immobilie selbst einziehen sollten. Dies hat gleich mehrere Gründe:

- **Zu wenig Kapital:** Bei einem Eigenheim hat man mehr Ansprüche als bei einer Immobilie zur Vermietung. Meistens ist es der Traum von einem großen Haus, wo man mit einer halben Million dabei ist. Eventuell wird es ein bescheideneres Haus, das dreimal günstiger ist, was aber an folgender Tatsache nichts ändert: Immobilien zur Kapitalanlage sind leichter finanziert und schneller abbezahlt.
- **Zu hohe Ansprüche:** Selbst, wenn es eine bescheidene Wohnung sein sollte, haben Käufer beim Eigenheim derartige Ansprüche, dass an Kleinigkeiten gemeckert wird und sich der Kauf mehrere Jahre hinzieht. Bis dahin wären bei einer zur Vermietung

finanzierten Immobilie die ersten Schritte längst gegangen.

- **Mietsteigerung:** Bei einer Immobilie, die Sie vermieten, können Sie Jahr für Jahr von Mietsteigerungen Gebrauch machen. Zudem profitieren Sie von einer Wertsteigerung Ihrer Immobilie, die – wie Sie an den Beispielen der Big Cities gesehen haben – in nur sieben Jahren das Mehrfache des ursprünglichen Kaufpreises betragen kann.

Die Erfahrung lehrt: Bei einer für sich selbst finanzierten Immobilie ist für den Durchschnittsverdiener Schluss. Dies ist an sich nichts Negatives, denn immerhin ist irgendwann die Immobilie abbezahlt und man lässt sich nicht von der steigenden Miete erdrücken. Doch wie klänge es, mit Hilfe eines umfassenden Immobiliensparplans innerhalb von 30 bis 40 Jahren mehrere Immobilien zu finanzieren? Dies ist ohne signifikante Risiken möglich; aber nur, wenn die Immobilien zur Vermietung finanziert werden. Wie sich dieses Konzept genau rechnet, erfahren Sie noch im weiteren Verlauf dieses Kapitels. Zunächst wissen Sie Bescheid, dass Sie die Finanzierung einer Immobilie zur Vermietung dem erträumten und perfekten Eigenheim auf lange Sicht näherbringt, als es das jahrzehntelange Sparen tut, bis genug Eigenkapital für ein provisorisches Eigenheim angespart ist.

Zwischenfazit:

- ❖ Bei der Vermietung einer Immobilie erledigt die Hausverwaltung den Großteil der Arbeit für Sie.
- ❖ Es empfiehlt sich, mit einer finanzierten Immobilie zur Vermietung zu beginnen und nicht direkt das Eigenheim zu finanzieren. Durch eine Immobilie zur Vermietung profitieren Sie viel stärker von der Wert- und Mietsteigerung.

> ❖ So können Sie einen umfangreichen Immobi-
> lien-Sparplan realisieren und kommen durch sukzes-
> siven Vermögensaufbau dem Kauf eines Eigenheims
> nach Ihren persönlichen Wünschen näher.

Wir sind bis jetzt den Fall durchgegangen, dass Sie die Immobilie selbst finanzieren möchten und keine Hilfe professioneller Unternehmen in Anspruch nehmen. Um diesen Abschnitt zur Finanzierung in Eigenregie abzuschließen, erhalten Sie noch folgende Formeln mit auf den Weg:

Monatliche Einnahmen − Monatliche Ausgaben = Persönliche Belastbarkeit

Stellen Sie all Ihre Einnahmen (Hauptgehalt, Minijob-Einkünfte, bei Ehepaaren und Kindern: Gehalt des Ehepartners, Kindergeld) den Ausgaben (Mietzahlungen, Strom & Wasser, Abonnements, Versicherungen etc.) gegenüber. Bleibt am Ende Geld übrig, dann ist dies Ihre persönliche Belastbarkeitsgrenze, mit der Sie eine Immobilie finanzieren können. Gehen wir von einer jungen Person aus, die gerade die Ausbildung abgeschlossen hat und ein Einstiegsnettogehalt von 1.900 € hat, dann ist dies das Einkommen. Darauf entfallen Ausgaben von 200 € für Freizeit, 150 € fürs Auto, 80 € für Versicherungen, 560 € für Miete und Nebenkosten, 400 € fürs Essen. Es ergibt sich durch Abzug der Ausgaben eine persönliche Belastbarkeit in Höhe von 510 €.

Aus dieser persönlichen Belastbarkeit lässt sich anhand der folgenden Formel die mögliche Darlehenssumme berechnen:

$$\text{Mögliche Darlehenssumme} = \frac{\text{Belastbarkeitsgrenze in € × 12 Monate × 100 \%}}{\text{Zinssatz in \% × Tilgung in \%}}$$

Für diese Formel bedarf es nun einiger Erklärungen. Beginnen wir mit den beiden Größen im Nenner, dem Zinssatz und der Tilgung. Die Tilgung sind die Ratenzahlungen, die aufgewendet werden, um die Kreditsumme abzubezahlen: 2 % bedeuten, dass jährlich 2 % der Kreditsumme abbezahlt wird. 3 % wiederum bedeuten, dass jährlich 3 % der Kreditsumme getilgt wird. Je höher die Tilgung ist, umso schneller ist der Kredit abbezahlt. Die Kreditsumme wird alternativ als Darlehenssumme bezeichnet und meint das Geld, dass Sie von der Bank für den Kauf einer Immobilie überwiesen erhalten. Benötigen Sie für den Kauf einer Wohnung 90.000 € und bringen 20.000 € selbst ein, dann verbleiben 70.000 €. Diese Summe erhalten Sie von der Bank überwiesen und müssen sie jährlich zum vereinbarten Satz tilgen. Lautet dieser 3 %, dann nehmen Sie von den 70.000 € 3 %, was 2.100 € ergibt. Dies bedeutet, dass Sie Jahr für Jahr 2.100 € überweisen müssen. So viel zur Tilgung. Der Zinssatz ist die Gebühr, die die Bank für den Kredit erhebt. Es fallen darunter die Zinskosten ebenso wie die Kosten für bestimmte Termine, die bei der Bank wahrzunehmen sind. Seit wenigen Jahren sind die Banken verpflichtet, alle Kosten unter dem effektiven Jahreszins zusammenzufassen. Abhängig von der Darlehenssumme und der Dauer der Tilgung, ist in Zeiten der Niedrigzinsphase bei Immobilienfinanzierungen durch Banken meistens ein effektiver Jahreszins zwischen 2 und 2,5 % üblich. Die restlichen Größen aus der Formel sind selbsterklärend: Die Belastbarkeitsgrenze im Zähler wird mit 12 Monaten multipliziert, da Zinssatz und Tilgung ebenfalls aufs Jahr gerechnet werden. Die Belastbarkeitsgrenze wird neben den 12 Monaten noch mit 100 % multipliziert, um die gesamte Darlehenssumme ermitteln zu können. Somit rechnen wir mit dem vorigen Beispiel und der Belastbarkeitsgrenze von 510 € weiter und erhalten folgendes Ergebnis:

$$Mögliche\ Darlehenssumme = \frac{510\ € \times 12 \times 100\ \%}{2,4\ \% \times 2\ \%}$$

$$127.500\ € = \frac{510\ € \times 12 \times 100\ \%}{2,4\ \% \times 2\ \%}$$

Dies ist bereits einiges an Geld, mit dem die junge Person aus unserem Beispiel problemlos eine gehobene Wohnung in einer B-Stadt in ausgezeichneter Lage finanzieren könnte. Nun ist noch die Frage nach dem Eigenkapital auf dem Konto gegeben. Da die Person lediglich 30.000 € auf dem Konto angespart hat, wird es letzten Endes eine günstigere Immobilie werden müssen, um der Bank die 20 bis 30 % Eigenkapital vorweisen und die Nebenkosten stemmen zu können. Dennoch gilt: Immobilie finanzierbar! Sollte die Person noch weniger Eigenkapital auf dem Konto haben, ist empfohlen, ein bis zwei Jahre zu warten und Geld anzusparen. Oder aber man leiht sich das Geld von Bekannten oder lässt in der Familie eine Bürgschaft durchführen. Es gibt viele Wege zur Lösung. Aber eines kann man nicht behaupten; nämlich, dass die Finanzierung von Immobilien im jungen Alter unrealistisch ist.

Hinweis!

Kommen Sie auf keinen Fall auf die Idee, einen Konsumkredit aufzunehmen, um das Eigenkapital für die Immobilienfinanzierung nachweisen zu können. Einige unseriöse Ratgeber legen nahe, bei nicht vorhandenem Eigenkapital einen Kredit über das benötigte Eigenkapital aufzunehmen. Das daraus erhaltene Kapital wird den Banken dann als Sicherheit und Eigenkapital für die Immobilienfinanzierung hinterlegt. Doch die Banken sind nicht so unterbelichtet, wie es diese Strategie erfordern würde: Durch die Schufa-Auskunft werden Informationen eingeholt und es wird aufgrund des bereits laufenden Kredits kein Immobilienkredit gewährt. Ansonsten ließen sich ohne Ende Kredite aufnehmen, bis es im Endlosen wie ein Schnellballsystem enden würde. Für Banken und erst recht für den Anleger absolut riskant! Unter keinen Umständen sollte ein solches Vorgehen gewählt werden.

Das war also der Weg zur Immobilienfinanzierung in Eigenregie. Alternativ gibt es Angebote spezieller Unternehmen, die nichts anderes tun, als mit all ihrer Expertise und dem gesamten Vertrieb Immobilien zur Altersvorsorge bzw. zum Vermögensaufbau zu vermitteln. Sie finden solche Unternehmen im Internet, wenn diese über die sozialen Medien oder auf Google fleißig Werbung für Altersvorsorge-Immobilien machen. Darüber hinaus haben die Unternehmen eigene Niederlassungen und Büros. Das Merkmal dieser Unternehmen ist unter anderem, dass die Maklergebühren entfallen.

Als Käufer müssen Sie somit keine Maklerprovision zahlen, ebenso muss der Verkäufer keine Maklerprovision zahlen. Die Verkäufer sind bei Immobilienvertrieben stets große Gesellschaften, die einen Kooperationsvertrag mit den Immobilienvertrieben abgeschlossen haben. Diese Gesellschaften kaufen Immobilien in großen Mengen auf. Das Ziel ist der Wiederverkauf an Privatanleger. Allen voran den durchschnittlichen Anlegern, die nicht so vermögend sind, möchten die Gesellschaften in Kooperation mit den Immobilienvertrieben eine Finanzierung der Immobilie zur Kapitalanlage ermöglichen. Sie können sich dies wie folgt vorstellen: Beim Immobilienvertrieb angekommen, wird Ihnen ein großes Portfolio an Immobilien zur Auswahl gestellt, welches sich Ihrer persönlichen Belastbarkeit und finanziellen Situation ohne jedwede Hindernisse anpassen lässt. Der Immobilienvertrieb wird mit einer Provision vom Verkaufspreis vergütet, die je nach Vertrag mit der immobilienhaltenden Gesellschaft verschieden ausfällt. In jedem Fall bleibt Ihnen die Bezahlung des Maklers erspart.

Sobald Sie sich das Portfolio an Immobilien anschauen, werden Sie daraus Immobilien wählen können, die zu Ihrer finanziellen Situation passen: An dieser Stelle beginnen Ihre Vorteile erst richtig. Denn aufgrund der Nähe zu Banken und des eigenen Konzepts bleibt bei den meisten Vertrieben eine Eigenkapitalforderung von 20 bis 30 % aus. Dies bedeutet: Sie erhalten Ihre Immobilie; unabhängig von dem Eigenkapital, welches bei Ihnen auf dem Konto liegt. Bleiben nun zwei weitere wichtige Punkte: Zum einen die restlichen Kaufnebenkosten und zum anderen Ihre Einkommensnachweise. Nach Abzug der Maklergebühren verbleiben die Grunderwerbsteuer und die Notargebühren zur Zahlung. Diese werden je nach Vertrieb ebenfalls übernommen. Allerdings sind für die Deckung dieser Kosten weniger als 10 % des Kaufpreises notwendig, sodass die meisten Vertriebe zunächst absprechen, dass Sie diese Kosten tragen. Haben Sie nicht das Eigenkapital, zeigen sich die Unternehmen kulant und übernehmen diese Kosten ebenfalls. Dies geschieht, indem sie Ihnen diese vorab überweisen. Sobald die Bank die Darlehenssumme überweist, werden die Nebenkosten an den Vertrieb zurückgezahlt, wobei die jeweilige Absprache schriftlich vermerkt wird.

Wie Sie merken, werden Sie bei einem spezialisierten Immobilienvertrieb hinsichtlich des Eigenkapitals keine Probleme bekommen. Doch obwohl Ihnen der Immobilienvertrieb bei der Finanzierung so vielfältig hilft, sind hier letztlich ebenfalls Banken im Spiel, mit denen ein Immobilienvertrieb zusammenarbeitet. Dies bedeutet, dass gewisse Grundsicherheiten vorhanden sein müssen, was das persönliche laufende Einkommen angeht. Diese Grundsicherheiten sind bei einer Finanzierung in Eigenregie ebenso wie bei einer Finanzierung mithilfe eines Immobilienvertriebs gleich: **Ein unbefristetes Angestelltenverhältnis mit einem Mindesteinkommen von rund 1.800 € netto pro Monat, welches bereits seit mindestens drei Monaten läuft.**

Selbstständige haben – wenn überhaupt – wesentlich geringere Chancen, Kredite bewilligt zu erhalten. Ein Selbstständiger hat im Idealfall mindestens drei Steuererklärungen zur Hand, die eine solide Situation und gute Gewinne widerspiegeln. Zudem wird meist ein höheres Eigenkapital von knapp 50 % des Kaufpreises erwartet. Hier kann nicht mal die Zusammenarbeit mit einem Immobilienunternehmen, dass auf den Vertrieb von Immobilien zur Kapitalanlage spezialisiert ist, etwas an der Situation ändern. Angestellte wiederum, die in das oben erwähnte und fett gedruckte Raster hineinpassen, haben alle Möglichkeiten, eine Immobilie zu finanzieren – ohne Zusammenarbeit mit einem Immobilienvertrieb ist noch reichlich Eigenkapital notwendig, bei einer Zusammenarbeit mit einem Immobilienvertrieb hingegen ist kein oder fast kein Eigenkapital (dies wird mit dem Vertrieb separat erörtert) vonnöten.

Zwischenfazit:

❖ Die mögliche Darlehenssumme bei der Finanzierung einer Immobilie richtet sich nach der persönlichen Belastbarkeit, die Sie durch eine Subtraktion der monatlichen Ausgaben von den monatlichen Einnahmen ermitteln.

❖ Möchten Sie finanzieren, dann können Sie den Weg allein oder mit Hilfe eines spezialisierten Immobilienvertriebs gehen.

❖ Bei einer alleinigen Finanzierung benötigen Sie 20 bis 30 % des Kaufpreises als Eigenkapital und die Summe der Kaufnebenkosten auf dem Konto. Bei einer Finanzierung im Falle eines Kaufs bei einem Vertrieb entfällt der Großteil der Eigenkapital-Forderungen.

❖ Um eine laufende Sicherheit zu gewährleisten, müssen Sie jedoch **in jedem Fall** Nachweise für Ihr monatliches Einkommen erbringen. Selbstständige sind komplizierte Individualfälle, bei Angestellten genügt der Nachweis eines unbefristeten Angestelltenverhältnisses mit einem Einkommen von mindestens 1.800 € netto pro Monat, welches bereits seit mindestens drei Monaten läuft.

Dies sind die möglichen Schritte zur ersten Finanzierung einer eigenen Wohnung. Es wurde bewusst auf die Namen von Immobilienvertrieben verzichtet, da es eine Fülle an Unternehmen gibt und der Markt schwer zu durchblicken ist. Darüber hinaus machten in der Vergangenheit einige Strukturvertriebe durch Negativschlagzeilen auf sich aufmerksam. Am Ende steht der Vorschlag: 90 % der Strukturvertriebe hierzulande verrichten eine grundsolide Arbeit und eröffnen Ihnen Perspektiven, von denen Sie bei einer Finanzierung einer Immobilie ohne Unterstützung nur träumen könnten. Schauen Sie also gern in Social-Media-Beiträge zum Thema Immobilien rein, kundschaften Sie einige Vertriebe aus und seien Sie offen, wenn Sie ein Vertriebler auf der Straße zum Thema Immobilien anspricht.

Die Ausführungen in den folgenden Unterkapiteln sind sowohl bei einer Finanzierung in Eigenregie als auch bei einer Finanzierung mit Unterstützung durch einen Strukturvertrieb deckungsgleich. Dieses Unterkapitel war das einzige, das separat und verstärkt auf die Strukturvertriebe zur Immobilienfinanzierung Bezug genommen hat.

Die Immobilie und deren Lage: Wie erkenne ich die besten Immobilien?

Die Lage einer Immobilie wird in der Fachsprache mit den Begriffen Mikro-, Meso- und Makro-Lage beschrieben und evaluiert. Die Mikro-Lage beschreibt die Umgebung in unmittelbarer Nähe zur Immobilie, die Makro-Lage wiederum die weiterreichende Umgebung. Die Makro-Lage ist das große Ganze, also meistens die komplette Stadt, in der die Immobilie liegt. Sollte eine Immobilie in einer Großstadt liegen, aber sich unmittelbar in der Nähe dieser Großstadt eine weitere Großstadt befinden, dann kann auch die zweite Stadt noch zur Makro-Lage gewertet werden. Die Meso-Lage ist alles, was zwischen der Mikro- und Makro-Lage liegt und beide miteinander verbindet. Hier verschwimmen die Grenzen oftmals und eine klare Definition ist – je nach Lage der zu betrachtenden Immobilie – nicht möglich.

Beispiel

Die Großstädte Nürnberg und Fürth liegen direkt beieinander und ähneln sich in vielerlei Hinsicht – sowohl architektonisch als auch von der Sprache der Menschen her. Sollte eine Immobilie in der Nähe der Grenze zwischen Nürnberg und Fürth oder im Zentrum einer der beiden Städte liegen, dann können beide Städte in die Makro-Lage einbezogen werden. Dies ist zugleich ein Plus für die Vermarktung der Immobilie. Schließlich bedeutet die Nähe zu zwei Großstädten mehr Möglichkeiten zur Freizeitgestaltung, mehr potenzielle Arbeitgeber und eröffnet in vielerlei Hinsicht mehr Perspektiven.

Was fällt nun in die Bewertung der verschiedenen Lage-Faktoren bei einer Immobilie hinein?

Lage	Mikro-Lage	Meso-Lage	Makro-Lage
Bewertungskriterien	ʌ Gebäude an sich ʌ Aussicht aus dem Gebäude ʌ Direkte Umgebung des Gebäudes	ʌ Angebote des täglichen Bedarfs ʌ Freizeitmöglichkeiten ʌ Verkehrsmittel ʌ Öffentliche Einrichtungen	ʌ Sehenswürdigkeiten ʌ Öffentliche Einrichtungen ʌ Nah- und Fernverkehrsmittel ʌ Freizeitangebote ʌ Arbeitsplätze
Positive Merkmale	ʌ Solide Bausubstanz ʌ Fahrstühle, Treppenlifte, Panorama-Fenster, Balkon ʌ Grünanlagen, Seen, Spielplätze, Läden, Freizeitmöglichkeiten	ʌ Schulen & Bildungseinrichtungen ʌ Vereine ʌ Friseure, Wellness-Center, Fitnessstudios ʌ Busse, Straßenbahnen, Züge ʌ Natur	ʌ Renommierte Arbeitgeber aus verschiedenen Branchen ʌ Kulturelle Einrichtungen ʌ Kino, Theater, Bars, Diskotheken ʌ Flughäfen, Fernzüge, Fernbusse, Bahnhöfe ʌ Gehobene Bildungseinrichtungen ʌ Institute
Negative Merkmale	ʌ Bröckelnder Putz ʌ Schimmel ʌ Alte energetische Standards ʌ Dunkle und kahle Umgebung mit vielen Plattenbauten	ʌ Schlechte Verbindung zum Zentrum ʌ Mangelhaftes Angebot an Läden und Restaurants ʌ Geringes Natur-Angebot	ʌ Kein Flughafen ʌ Keine Universitäten und Institute ʌ Bescheidenes Angebot an Sehenswürdigkeiten und kulturellen Einrichtungen

Dies ein grober Überblick. Anhand dieser Tabelle sind Sie in der Lage, klar in Worte zu fassen, wieso Wohnungen im Zentrum von Großstädten so viel wert sind: Weil Sie sich direkt in einer Mikro-Lage befinden, die in ihrer Nähe ein Angebot abdeckt, welches ansonsten von der Makro-Lage erwartet wird. Kurz und knapp: Von der Wohnungstür aus ist scheinbar alles fußläufig oder in wenigen Minuten mit der Bahn erreichbar, was das Herz eines Menschen begehrt. Da solche Wohnungen sogar in B-Städten viel kosten, ist mittlerweile verstärkt angeraten, Wohnungen zu mieten, die in der Nähe des Zentrums sind oder mit Verkehrsmitteln gut ans Zentrum angebunden sind, aber nicht direkt im Zentrum liegen.

Solange Sie diese Kriterien mit Ihrer Immobilie in einer Stadt abdecken, wo eine Nachfrage nach Wohnungen herrscht, dann sind Sie bereits gut dabei und werden, aller Voraussicht nach, Ihre Mieter finden. Bedenken Sie, dass es bei der Kapitalanlage in eine Immobilie nicht wirklich viel mehr als die hier geschilderten Aspekte zu beachten gilt: Denn für eine Immobilie in einer guten Lage werden sich immer Mieter finden. Dies ist ein Punkt, den Kapitalanleger insbesondere am Anfang ihres Werdegangs noch nicht verstehen: Sie betreten die Wohnung und gucken darauf, als wenn es die eigene Wohnung wäre. Sagt einem die Größe der Wohnung nicht zu oder gefällt es nicht, dass der Balkon fehlt, wird von einem Investment abgesehen. Doch bei einer Nachfrage mehrerer Mieter werden sich genug Mieter finden, denen der Balkon egal ist. Unter Umständen wollen die Mieter nicht mal einen Balkon. Egal, was passiert: Schließen Sie nicht von Ihrem Geschmack auf den Geschmack anderer Menschen bzw. von Ihren Präferenzen nicht auf die Präferenzen anderer Menschen.

Nichtsdestotrotz gibt es einige Kriterien, die bei einer Immobilie auf Anhieb als gut oder schlecht eingestuft werden können. Dies ist allein aus logischen Gründen möglich. Darunter fällt die Tatsache, dass eine Wohnung immer gut ans Zentrum angebunden sein muss. Es kann sein, dass der Mieter auf das Zentrum nur selten angewiesen ist, doch wenn er darauf angewiesen ist, möchte er nicht anderthalb Stunden lang Umwege fahren und mehrmals umsteigen müssen. Besonders schlimm wird es, wenn die öffentlichen Verkehrsmittel an Wochenenden kaum fahren, wie es in einigen Kleinstädten der Fall ist. Da Sie in solchen Kleinstädten aufgrund der zu erwartenden geringen Rendite keine Immobilien kaufen werden, war das nur ein kleines Beispiel am Rande.

Zwischenfazit

❖ Ihre Immobilie befindet sich in der Nähe des Stadtzentrums oder das Stadtzentrum ist, wenn Ihre Immobilie am Rande der Stadt liegt, mit einer direkten und pro Stunde mehrmals fahrenden Verbindung über öffentliche Verkehrsmittel gut erreichbar

❖ Grundriss und Merkmale der Wohnung sind irrelevant, solange sie sich in einem guten Zustand befindet. Einzelne Merkmale wie Panoramafenster oder neueste energetische Standards sind dennoch vorteilhaft.

❖ Wichtiger ist die direkte Umgebung der Immobilie, die zumindest einige Grünflächen und die Läden des täglichen Bedarfs bieten sollte.

❖ Auf dem Weg in die Stadt sollten nach Möglichkeit bereits in der Nähe der Wohnung erste Freizeit- und Bildungseinrichtungen sowie Arbeitgeber sein.

❖ Die Stadt selbst sollte gute Anbindungen mit öffentlichen Verkehrsmitteln an andere Städte, einen Flughafen, mehrere große Arbeitgeber, Universitäten und Institute enthalten. Alternativ gibt es in der Nähe (max. 50 bis 80 Kilometer) zur Stadt eine Großstadt, die all diese Faktoren zur Verfügung stellt.

So weit, so gut: Es verbleibt die Suche nach einer geeigneten Stadt für eine Kapitalanlage. Wir haben gelernt, dass dies auf die Big 7 nicht zutrifft. Auch einige B-Städte, wie z. B. Hannover, weisen derzeit so hohe Preise für Immobilien auf, dass sich ein Investment für Durchschnittsverdiener nur in seltenen Fällen finanzieren lässt. Es finden sich zweifelsohne selbst in diesen Städten noch gute Angebote für Immobilien, allerdings sind diese schwierig zu finden. Zudem stehen die Kappungsgrenzen einer Mieterhöhung im Wege und wirken als senkende Faktoren negativ auf die Mietrenditen in den Städten ein. Besser ist es, wenn Sie sich gezielt nach Immobilien in Städten umschauen, die die Kriterien einer guten Mikro-Lage erfüllen und erst am Anfang ihrer Entwicklung stehen. Haben bestimmte Städte mehrere renommierte Arbeitgeber, wie z. B. aus der Automobilindustrie, der Wissenschaft oder anderen Sektoren, dann ist dies ein gutes Zeichen. Sind noch dazu Flughäfen vorhanden, dann ist dies umso besser. Wenn Sie es ganz einfach haben möchten, dann schauen Sie sich im direkten Umfeld der Big Cities um. Dabei werden Sie feststellen, dass sich in der Nähe von Frankfurt am Main die Städte Offenbach, Mainz, Wiesbaden und Darmstadt befinden. Ein Blick auf deren Mietentwicklungen im Falle einer 60-m²-Wohnung im Zeitraum der letzten acht Jahre zusammen mit der Vergleichsstadt Frankfurt am Main:

Stadt	Mietentwick-lung	Aktuelle Miete pro m²	Aktueller Preis pro m²
Offenbach	+51,89 %	11,27 €	3.596,07 €
Mainz	+36,07 %	11,62 €	4.140,06 €
Wiesbaden	+27,44 %	10,59 €	3.633,44 €
Darmstadt	+31,46 %	11,49 €	3.444,03 €
Frankfurt am Main	*+48,45 %*	*15,29 €*	*5.667,27 €*

Quelle: wohnungsboerse.net[16]

Dass die Entwicklung in den Jahren 2011 bis 2019 nach oben gezeigt und eine ordentliche Rendite gebildet hat, steht außer Frage. Aktuell befinden sich die Mieten auf einem mit den Big Cities vergleichbaren Niveau. Aber in Relation zu speziell Frankfurt am Main liegen sie geringer. Gleiches betrifft die Kaufpreise für Immobilien, wenn wir es am Beispiel der 60-m²-Wohnung festmachen. Dies bedeutet, dass Kapitalanleger in den Frankfurt am Main umgebenden Großstädten eine ähnliche Entwicklung wie in den Big Cities vorfinden, nur dass diese nicht so weit fortgeschritten ist. Insbesondere Offenbach und Darmstadt erscheinen in einem detaillierten Vergleich für eine Kapitalanlage vielversprechend. Es ist dasselbe Muster, welches rund um die meisten Big Cities zu beobachten ist: Personen arbeiten in Frankfurt am Main bzw. einer anderen Big City, ziehen jedoch vermehrt in die Städte im Umland, da dort die Mieten geringer sind.

---

[16] https://www.wohnungsboerse.net/

> ## Zwischenfazit
>
> ❖ Suchen Sie zunächst in der Nähe existierender Big Cities nach Großstädten, da diese Städte beliebte Ausweichmöglichkeiten für Personen sind, denen die Big Cities zu teuer sind.
>
> ❖ Schauen Sie sich zudem nach anderen Städten um, die gute Voraussetzungen aufgrund der Infrastruktur und der Arbeitgeber mitbringen, um selbst Big Cities zu werden.
>
> ❖ Suchen Sie in diesen Städten nach Immobilien, die die Kriterien einer guten Mikro-, Meso- und Makro-Lage erfüllen.
>
> ❖ Segmentieren Sie die Immobilien, die für Sie preislich erschwinglich sind.

Welches Einkommen und welche Kosten bringt mir meine Immobilie während der Vermietung ein?

Wenn Sie sich zurückerinnern: Sie errechnen Ihre persönliche Belastbarkeitsgrenze, um zu erfahren, wie viel Sie monatlich für die Immobilienfinanzierung beiseitelegen können. Diese Belastbarkeitsgrenze wird auch von der Bank genutzt, um zu ermitteln, wie hoch die Darlehenssumme sein darf. Allerdings – falls Sie das noch nicht bedacht haben – vermieten Sie die Immobilie, weswegen Sie während der Laufzeit des Kredits einen erheblichen Teil des Geldes, das Sie für die Zinsen und Tilgungsraten an die Bank zahlen, wieder einnehmen. Dies können Sie der Bank natürlich nicht so vortragen und damit argumentieren, da diese eine Vermietung nicht als Sicherheit auffasst. Sie kalkuliert damit, dass die Immobilie zur Eigennutzung bestimmt ist.

Nichtsdestotrotz erzielen Sie Einnahmen, die wir den Ausgaben anhand der folgenden Tabelle gegenüberstellen. So erkennen Sie, dass ein geringer jährlicher Eigenanteil bereits ausreicht, um den Traum von der Immobilie zur Realität werden zu lassen. *Anmerkung: Bei diesem Beispiel wird von einer Immobilie im Wert von 100.000 € ausgegangen.*

Einnahmen	Ausgaben
Miete: 4 %*	Bankkosten: 4,5 %
Steuervorteil: 0,5 %	Hausverwaltung: 0,3 %
	Versicherungen: 0,2 %
	Instandhaltungsrücklagen: 0,5 %
Gesamt: 4,5 %	**Gesamt: 5,5 %**

* Der prozentuale Anteil meint das Verhältnis zum Kaufpreis. Sie erwirtschaften also 4 % des Immobilienkaufpreises jährlich als Miete, tragen 4,5 % des Immobilienkaufpreises jährlich als Bankkosten usw. für die anderen Posten.

Wie Sie zweifellos feststellen werden, sind 1 % weniger Einnahmen verbucht. Dies ist der Eigenanteil, den Sie anfangs noch stemmen müssen. Der Eigenanteil liegt in dieser Rechnung somit bei 1.000 €, da wir von einer Immobilie im Wert von 100.000 € ausgingen. Monatlich sind dies Kosten von ca. 83 €, was für die wenigsten Personen, die 1.800 € netto verdienen, eine signifikante finanzielle Belastung darstellen sollte. Die einzelnen Posten bedürfen keinen ausschweifenden Erläuterungen. Die Miete wird monatlich eingenommen. Für die Steuervorteile ist Ihr Steuerberater zuständig. Dieser Ratgeber kann in der Kürze, in der er dieses Thema behandelt, nicht ausführlich auf die Steuerlage eingehen. Im weiteren Verlauf dieses Kapitels erfolgen dennoch die wichtigsten Erläuterungen auf die Schnelle. Die Bankkosten wurden bereits geklärt und können – je nach Bank und deren Angebot – günstiger ausfallen. Die Hausverwaltung ist bei einer Wohnungseigentümergemeinschaft, in die Sie bei dem Kauf einer Wohnung eintreten, meistens bereits vorhanden. Die Kosten betragen schätzungsweise 300 € pro Wohnung jährlich. Dabei macht es keinen großen Unterschied, ob die Wohnung 100.000 € oder 200.000 € gekostet hat. Instandhaltungsrücklagen sind individuell anzusetzen, werden aber dem Zustand des Gebäudes angepasst. Sie sind ein monatlich beiseitegelegter Beitrag, der dazu dient, auf spontan eintretende Schäden oder Mängel an der Immobilie reagieren zu können. Haben Sie eine Hausverwaltung, kümmert sich diese für Sie um die Instandhaltungsrücklagen. Zu guter Letzt zu den Versicherungen: Wirklich notwendig ist nur die Feuerversicherung, um eine Finanzierung bei der Bank durchzusetzen. Dann liegen die Kosten sogar nur bei um die 50 € im Jahr. Wesentlich klüger und sicherer ist aber eine umfangreichere Gebäudeversicherung und eine Vermieter-Haftpflichtversicherung. Auch diesen Posten managt die Hausverwaltung üblicherweise für Sie.

Da die Miete im Laufe der Zeit erhöht wird, verringert sich auch der Eigenanteil mit zunehmender Dauer. Legen wir die Entwicklung auf dem allgemeinen Immobilienmarkt zugrunde und berücksichtigen die gesetzlichen Regelungen zur Mieterhöhung, ist es nur eine Frage der Zeit, bis aus den Eigenbeiträgen ein Überschuss wird und Sie trotz laufender Finanzierung durch die Vermietung bereits monatlich einen Gewinn erwirtschaften.

Umfassender Sparplan: So wird Vermögen mit Immobilien aufgebaut!

Selbst bei einer Finanzierung von Immobilien lässt sich ein umfassender Sparplan realisieren. Dies geschieht, indem Sie mit einer Immobilie anfangen. Sobald Sie keinen Eigenanteil mehr tragen müssen, wird eine weitere Immobilie finanziert. So geht es immer weiter. Wir rechnen einen Sparplan in Kürze mit dem Beispiel einer Immobilie in Wiesbaden durch.

Wie wir gelernt haben, beträgt der Durchschnittspreis einer Immobilie in Wiesbaden pro m² bei einer 60-m²-Wohnung 3.633,44 €. Uns gelingt der Kauf einer etwas abgelegeneren Wohnung zu einem guten Preis von 3.000 € pro Quadratmeter. Sie ist 70 m² groß. Also erhalten wir einen Kaufpreis in Höhe von 210.000 €. Die Miete liegt anfangs noch mit 9,20 € pro m² unterhalb des Schnitts von Wiesbaden, wie es bei abgelegeneren Wohnungen üblich ist. Wir vermieten die Wohnung insgesamt also für 644,00 €.

Anfangs sieht die Lage aufs Jahr gerechnet wie folgt aus:

Einnahmen	Ausgaben
Miete: 7.728,00 €	Bankkosten: 9.450 €
Steuervorteil: 1.050 €	Hausverwaltung: 300 €
	Versicherungen: 420 €
	Instandhaltungsrücklagen: 1.050 €
Gesamt: 8.778 €	Gesamt: 11.220 €

Der Eigenanteil liegt also höher und bei 2.442 €, monatlich knapp 200 €. Nach §558 BGB[17] steht es uns zu, die Miete alle drei Jahre um 20 % zu erhöhen. Davon machen wir annähernd Gebrauch. So kommen wir nach und nach zu einem geringeren Eigenanteil, zumal die Bankkosten sinken. Letzteres liegt daran, dass der effektive Jahreszins zwar prozentual gleich bleibt, sich aber von den zu zahlenden Beträgen her verringert. Denn der effektive Jahreszins bezieht sich auf die Restschuld. Da sich die Restschuld mit jeder gezahlten Tilgungsrate verringert, bezieht sich der effektive Jahres-

---

[17] https://www.gesetze-im-internet.de/bgb/__558.html

zins auf einen immer geringeren Betrag und wird selbst geringer. Folgendes tabellarisches Bild ist nach zehn Jahren zu erwarten, wenn sich die Miete insgesamt um 30 % im Vergleich zum Anfangswert erhöht hat und die Bankkosten Jahr für Jahr gesunken sind. *Anmerkung: 30 % Mietsteigerung innerhalb von zehn Jahren sind noch ein äußerst pessimistischer Wert.*

Einnahmen	Ausgaben
Miete: ca. 10.000 €	Bankkosten: 8.400 €
Steuervorteil: 1.050 €	Hausverwaltung: 300 €
	Versicherungen: 420 €
	Instandhaltungsrücklagen: 1.050 €
Gesamt: 11.050 €	**Gesamt: 10.170 €**

Wir merken, dass die Immobilie mittlerweile sogar einen Gewinn erwirtschaftet; einen Gewinn von knapp über 70 € pro Monat. Da der Eigenanteil fort ist, können Sie nun eine neue Finanzierung bei der Bank durchführen. Sie geben die monatlichen Einkünfte aus der Vermietung unter den Einnahmen an, was Ihre persönliche Belastbarkeitsgrenze erhöht. Aufgrund der bereits seit einem Jahrzehnt vorhandenen Immobilie greift das Prinzip der Immobilienabsicherung, weswegen Sie eine Finanzierung noch einfacher über die Bühne bekommen. Nach einem weiteren Jahrzehnt ist es Ihnen möglich, weitere Finanzierungen durchzuführen: Zwei auf einmal diesmal, da die erste Immobilie noch mehr Überschuss erwirtschaftet und die zweite dies nun auch tut. Zudem können Sie wieder einen Eigenanteil für neue Immobilien einbringen. Auf Basis dieses Sparplans sind im Verlaufe von 40 Jahren vier bis sechs (je nach Vermögenslage und eigener Investitionsbereitschaft) abbezahlte Immobilien möglich. Sie lösen am Ende die laufenden Kredite durch den Verkauf der ersten komplett finanzierten Immobilien ab. Dieser Sparplan erfordert in der Praxis mehr Rechenarbeit und Hingabe, doch die Möglichkeit sollte adäquat illustriert worden sein. Allem voran Strukturvertriebe zeichnen sich durch jahrzehntelange Praxiserfahrung mit solchen Sparplänen aus und betreuen Anleger auf diesem Wege aktiv.

Abschließendes Knowhow zur Geldanlage in Immobilien

Immobilienpreis vor dem Kauf bewerten

Es könnte an sich nett klingen, eine Immobilie im Zentrum von Offenbach zu bekommen. Doch wenn der Preis horrend hoch ist, dann wird es länger dauern, bis sich die Immobilie finanziell rentiert. Gleiches gilt für abgelegene Immobilien; in welcher Stadt auch immer. Es mag zunächst nach fairen Preisen aussehen, die der Lage der Immobilie entsprechen. Doch im Nachhinein stellt sich heraus, dass der Preis weitaus höher ist als bei vergleichbaren Immobilien in der Umgebung – **Vergleich** mit anderen Immobilien in der Umgebung ist das wichtige Stichwort!

Unter den verschiedenen Methoden, die zur Ermittlung des Immobilienpreises existieren, hat sich allem voran eine den Weg nach vorn gebahnt: Das Vergleichswertverfahren. Dieses ist immer dann von Nutzen, wenn die Immobilie, mit der verglichen wird, demselben Zweck dient. Da dieser Zweck bei Wohngebäuden die Vermietung ist, ist das Vergleichswertverfahren anwendbar. Doch Vorsicht: Kommen Sie unter keinen Umständen auf die Idee, den Preis der Immobilie, die Sie kaufen möchten, mit der einer Immobilie zu vergleichen, die eine Person zur Eigennutzung gekauft hat. Zentrales Problem dabei ist, dass Personen, die zur Eigennutzung kaufen, wesentlich emotionaler zu Werke gehen. War eine Person mehrere Monate oder gar Jahre auf der Suche nach der Wunsch-Immobilie und ist die weitere Suche leid, dann wird die Person eher dazu bereit sein, beim Preis teure Kompromisse einzugehen. Vergleichen Sie daher den Kaufpreis Ihrer Wohnung mit dem einer Wohnung, die ebenfalls ein Kapitalanleger gekauft hat. So erhalten Sie einen angemessenen Preis. Damit sich das Vergleichswert-verfahren anwenden lässt, gibt es allerdings noch einige weitere Anforderungen. Die Wohnungen, die verglichen werden, müssen u. a. folgende Kriterien erfüllen:

- Möglichst ähnliche Mikro-Lage: Idealerweise sind beide Wohnungen im selben Wohnblock oder zumindest in einer ähnlichen Gegend mit einer ähnlichen Gebäudequalität
- Die Ausstattung der Wohnungen im Hinblick auf elektrische Installationen und Sanitäreinrichtungen ist weitestgehend gleich
- Die Wohnungen weisen dieselbe Anzahl an Zimmern auf

Diese und weitere Kriterien entnehmen Sie dem Werk *Profi-Handbuch Wertermittlung von Immobilien* (Mannek, 2016)[18]. Haben die Wohnungen eine minimal abweichende Quadratmeterzahl, dann ist das Vergleichswertverfahren dennoch anwendbar. In diesem Fall rechnen Sie auf den Preis pro m^2 herunter und vergleichen diesen. Ergibt sich mit der verglichenen Wohnung derselbe Preis oder ein geringerer, dann ist der Preis in der Regel fair. Zur Beurteilung stehen Ihnen alternativ Webseiten im Internet mit Informationen zu den Immobilienpreisen zur Verfügung.

---

[18] Mannek, W.: *Profi-Handbuch Wertermittlung von Immobilien*, 2016.

71

Erste Miete richtig ansetzen

Während bei Strukturvertrieben die Immobilie des Öfteren bereits mit einem Mieter drin gekauft wird und die erste Miete somit festgelegt ist, verhält es sich bei einer Kapitalanlage in Immobilien in Eigenregie anders: Hier muss die erste Miete festgelegt werden. Am einfachsten ist diese Aufgabe anhand der ortsüblichen Vergleichsmiete zu bewerkstelligen. Diese erfahren Sie auf Websites und bei den Mieter- sowie Hausbesitzervereinen der Kommunen. Aufgrund der Mietpreisbremse darf die Miete lediglich 10 % oberhalb der ortsüblichen Vergleichsmiete festgesetzt werden. Bei Neubauten ist ein leichtes Überschreiten dieser Grenze erlaubt, womit der besondere Aufwand und der ausgezeichnete Zustand von Neubauten berücksichtigt wird. Es empfiehlt sich, die vollen 10 % nicht auszunutzen. Versuchen Sie, auf dem Niveau der ortsüblichen Vergleichsmiete zu bleiben. Aufgrund des geringeren Mietpreises fällt es Ihnen so einfacher, zu Beginn einen Mieter zu finden. Des Weiteren lassen Sie sich mehr Spielraum für spätere Mieterhöhungen, sofern Sie bei der ersten Miete den Rahmen nicht voll ausreizen.

Steuervorteile als Vermieter nutzen

Die Steuervorteile als Vermieter nutzen Sie dann aus, wenn Sie folgende Kosten in der Steuererklärung geltend machen:

- An die Bank zu entrichtende Zinsen: Der effektive Jahreszins ist in vollem Umfang absetzbar.
- Verwaltungskosten: In vollem Umfang absetzbar.
- Versicherungen fürs Gebäude: Nur die Versicherungen zum Schutz des Gebäudes sind steuerlich absetzbar, Versicherungen zum Schutz Ihrer Person jedoch nicht!
- Instandhaltungskosten: Es sind nicht die Rücklagen gemeint, da dies nur Ersparnisse für den Ernstfall sind.

Instandhaltungskosten können erst dann steuerlich abgesetzt werden, wenn durch eine Instandhaltungsmaßnahme tatsächlich Ausgaben angefallen sind.

*   Abschreibung fürs Gebäude: Jedes Gebäude hat seinen Abschreibungssatz. Hier wird die Abnutzung des Gebäudes abgeschrieben.

Zum letzten Punkt: Sofern das Gebäude vor dem 1. Januar 1925 errichtet wurde, fällt ein Abschreibungssatz von 2,5 % jährlich auf den Gebäudewert an, bei einer Errichtung nach dem 31. Dezember 1924 beträgt der Abschreibungssatz 2 % jährlich. Neubauten und denkmalgeschützte Immobilien haben eine andere Regelung. Bei der Abschreibung wird der Gebäudewert (die Immobilie abzüglich der Kosten für den Grundstückswert) über einen bestimmten Zeitraum abgeschrieben. Somit können Sie den Kaufpreis über mehrere Jahrzehnte steuerlich absetzen.

Bei all diesen Dingen hilft Ihnen Ihr Steuerberater. Dieser Abschnitt gibt lediglich einen kurzen Überblick darüber, was alles möglich ist.

Zusammenfassung

Immobilien zur Kapitalanlage sind möglich! Es handelt sich um keinen Traum, der sich in einer fernen Distanz befindet. Sind Sie ein Angestellter in einem unbefristeten Verhältnis, bringen Sie die notwendige Sicherheit für Banken mit. Haben Sie ein Einkommen von mindestens 1.800 € netto pro Monat, bringen Sie genug laufendes Einkommen mit. Und haben Sie darüber hinaus noch reichlich Eigenkapital oder eine Person, die für Sie bürgt, dann bringen Sie alles Notwendige für eine Immobilienfinanzierung bei einer Bank mit. Das geforderte Eigenkapital lässt sich durch die Zusammenarbeit mit spezialisierten Strukturvertrieben sogar beträchtlich senken. Nun stellt sich nur noch die Frage: Welche Immobilie darf's denn sein? Anhand der Suche in B- und C-Städten, wo die Immobilienpreise noch human sind, filtern Sie in Abstimmung mit der Ihnen gewährten Darlehenssumme und den Lagekriterien die ideale Immobilie heraus. Diese Immobilie vermieten Sie nach dem Kauf für bis zu zehn Jahre und machen von Mieterhöhungen Gebrauch. Danach wird es Ihnen möglich sein, die nächste Immobilie zu finanzieren. So geht es immer weiter, solange Sie möchten. Zwischendurch bezahlen Sie die ersten Immobilien ab. So erhalten Sie genug Eigenkapital und Darlehensvolumen für ein Eigenheim, welches exakt so ist, wie Sie es sich erträumen.

Rohstoffe: Öl, Gold und Co auf dem Prüfstand

Eine wichtige Erkenntnis direkt vorab: Die Kurs- und Wertentwicklungen von Rohstoffen unterliegen starken Schwankungen – sowohl langfristig als auch kurzfristig. Somit handelt es sich beim Großteil der Rohstoffe in der Regel nicht um ein Investment, welches passiv zuverlässig Geld generiert. Aber dafür haben Sie im ersten Kapitel kennengelernt, wie Sie in Charts mit Kursverläufen Trends erkennen. Exakt dies können Sie sich zunutze machen und wie bei Wachstumsunternehmen den ein oder anderen Aufwärtstrend bei der Preisentwicklung der Rohstoffe für sich ausnutzen. Bei einigen Ausnahmen unter den Rohstoffen – allem voran den Edelmetallen, wozu u. a. das immer wieder Aufmerksamkeit erregende Gold gehört – existieren durchaus Perspektiven, auch langfristig Geld anzulegen und von einem stabilen Wertanstieg zu profitieren. Rohstoffe stellen sich als eine komplizierte Geldanlage heraus – wenig ist sicher, aber vieles ist möglich. Schnuppern Sie in dieses Thema rein und wägen Sie Ihre Chancen für eine erfolgreiche Geldanlage in Gold ab.

Was umfasst die Gruppe der Rohstoffe?

„Rohstoffe sind natürliche Ressourcen, die bis auf die Lösung aus ihrer natürlichen Quelle noch nicht bearbeitet wurden. Diese Stoffe werden entweder direkt konsumiert oder als Arbeitsmittel für weitere Verarbeitungsstufen in der Produktion verwendet. Auch der Einsatz im Bauwesen oder als

Energieträger ist möglich." (Quelle: rechnungswesen-verstehen.de[19])

Die Gruppe der Rohstoffe umfasst somit Nahrungsmittel, Industriestoffe, Betriebsstoffe und vieles mehr. Unter die Nahrungsmittel fallen beispielsweise Agrarrohstoffe: Dies können pflanzliche Rohstoffe wie Getreide, Mais und Reis sein. Ebenso fallen tierische Rohstoffe, wie Schweinehälften, in das Raster der Agrarrohstoffe. Zu den Industrierohstoffen gehören wiederum Energie- und Metallrohstoffe. Doch ebenso sind Metallrohstoffe Betriebsstoffe. Dies macht sich in Metallen bemerkbar, aus denen in der Industrie durch Verarbeitung Produkte geschaffen werden. Somit lassen sich nach den Verwendungszwecken keine klaren Unterteilungen in Rohrstoffarten durchführen.

Gleiches trifft auf andere Unterteilungen zu: Es gibt noch den Ansatz nach *Soft Commodities* und *Hard Commodities*. Erstere weisen das Manko auf, nicht klar definiert zu sein. Doch in der Regel fallen unter die *Soft Commodities* jene Rohrstoffe, die nachwachsen: z. B. Holz, Weizen und Kaffee. *Hard Commodities* wiederum wachsen nicht nach. Sie stammen aus einer Zeit vor der Menschheit und sind endlich.

Aufgrund der Dilemmata rund um die Unterteilung der Rohstoffe in Kategorien setzen wir einen Punkt und machen es uns möglichst einfach: Wir unterteilen nach Anlageklassen. Denn hier lassen sich zwischen drei Rohstoffarten klare Linien ziehen:

• Agrarrohstoffe
• Metalle (Edelmetalle und Industriemetalle)
• Energierohstoffe

---

[19] https://www.rechnungswesen-verstehen.de/lexikon/rohstoffe.php

Agrarrohstoffe

Eine eigene Lagerung von der Agrarrohstoffe ist aus Kapazitäts- und Kostengründen unrealistisch. Darüber hinaus würde eine Vielzahl der Rohstoffe bei einer Lagerung über einen Zeitraum von vielen Jahren schimmeln und unbrauchbar werden. Lagerungen von großen Mengen an Agrarrohstoffen sind lediglich über einen eingeschränkten Zeitraum und von Lieferanten oder Händlern durchführbar. Ein eigener Anbau hätte zur Folge, dass man eine landwirtschaftliche Tätigkeit aufnehmen würde. Dies wäre keine Geldanlage.

Somit sind die einzigen Optionen einer Geldanlage in Agrarrohstoffe die folgenden:

- Investition mittels Zertifikate: Kurzfristige Anlage, bei der an einem bestimmten Börsengeschäft teilgenommen werden kann
- Geldanlage über ETCs: Wertpapiere, die den Wertverlauf des jeweiligen Rohstoffs widerspiegeln
- Investition in Unternehmen, die den jeweiligen Rohstoff anbauen oder damit handeln
- Geldanlage in Rohstofffonds

Angeraten sind die letzten drei Wege. Die Investition mittels Zertifikate hat das Problem, dass sie Erfahrung erfordert und eine kurzfristige sowie spekulative Form der Geldanlage ist. Hier kann sogar auf fallende und seitwärts verlaufende Kurse gesetzt werden.

Doch welche Agrarrohstoffe empfehlen sich überhaupt? Wie lassen sich der Mehrwert und die zu erwartende Rendite von Kaffee, Orangen, Mais und Co überhaupt einschätzen?

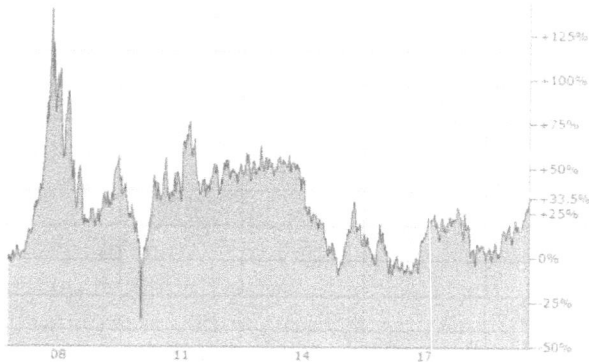

Quelle: finanzen.net[20]

Die Grafik spiegelt die Wertentwicklung des Preises für Reis wider. Sie zeigt ein deutliches Hoch im Jahr 2008. Tatsächlich erfuhren in diesem Zeitraum jedoch diverse Rohstoffe einen Wertzuwachs – von Agrarrohstoffen über Metalle bis hin zu Energierohstoffen. Somit zeichnet sich ab, dass Personen in Zeiten schwächelnder Aktienkurse und Finanzkrisen versuchen, den sicheren Hafen der Rohstoffe anzusteuern. Ähnliches spiegelt die Entwicklung des Preises für Mais wider:

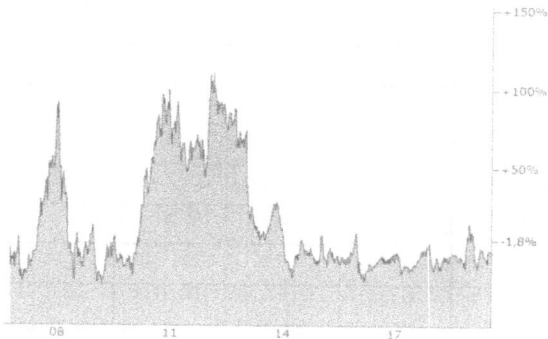

Quelle: finanzen.net[21]

---

[20] https://www.finanzen.net/rohstoffe/reispreis
[21] https://www.finanzen.net/rohstoffe/maispreis

Und um auch Weizen nicht außer Acht zu lassen:

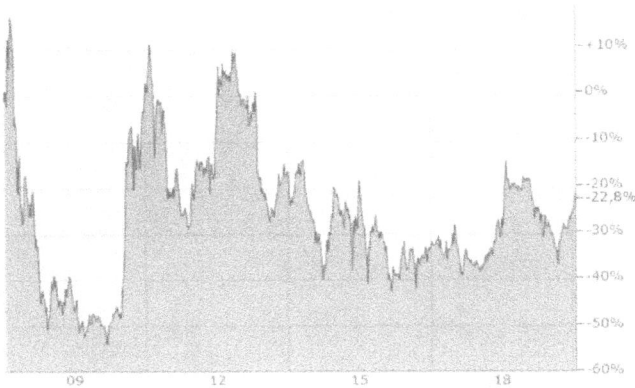

Quelle: finanzen.net[22]

Was sagt uns die Entwicklung des Sojabohnenpreises?

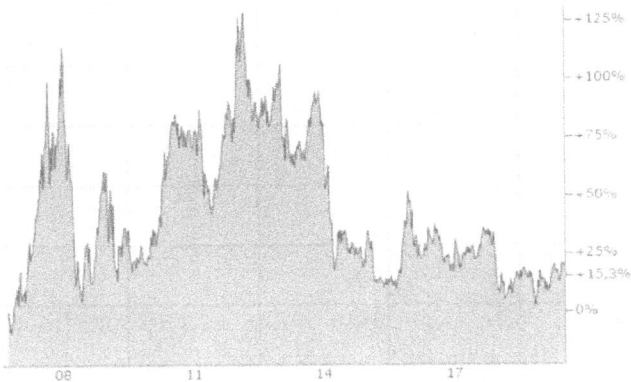

Quelle: finanzen.net[23]

Mageres Schwein?

---

[22] https://www.finanzen.net/rohstoffe/weizenpreis
[23] https://www.finanzen.net/rohstoffe/sojapreis

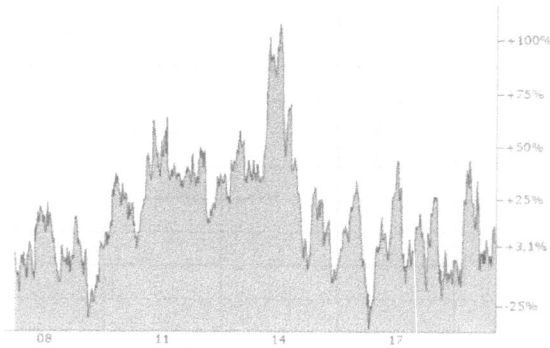

Quelle: finanzen.net[24]

Für den Koffeinkick, Kaffee:

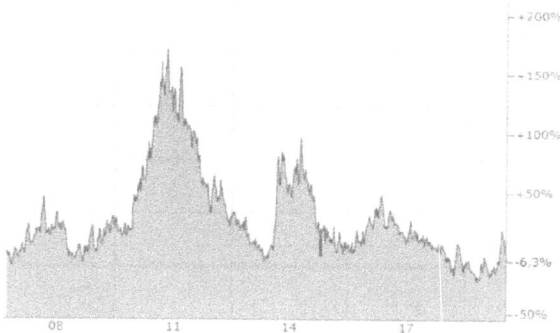

Quelle: finanzen.net[25]

Quintessenz: Nein, es haben nicht alle Rohstoffe im Jahr 2008 ihre Höchststände verzeichnet. Aber sie stiegen allesamt im Wert an. Dies deutet auf Hoffnung in Krisen hin; die Hoffnung, in unsicheren Zeiten durch das Setzen auf Agrarrohstoffe und im Prinzip existenziell notwendige Güter stabile Renditen zu erwirtschaften. Abgesehen von dieser Interpretation jedoch sind keine Prognosen sicher. Jedweder

---

[24] https://www.finanzen.net/rohstoffe/mageres-schwein-preis
[25] https://www.finanzen.net/rohstoffe/kaffeepreis

Gedanke, der zu den einzelnen Rohstoffen durchgespielt wird, um die Kursentwicklungen nach 2008 zu begründen, endet in Fragezeichen: Wieso sank der Sojabohnenpreis von 2011 bis jetzt derart stark, obwohl durch den immer populäreren Veganismus sowie Vegetarismus mehr Fleischersatzprodukte mit Sojabohnen auf den Markt kommen? Wieso ausgerechnet war der Schweinekurs 2014 so hoch? Dass zu diesem Zeitpunkt das weltweite Angebot geringer war und somit der Preis höher und der Schweinepreis ganz eigenen Zyklen unterliegt, ist klar. Aber es stellt sich dennoch die Frage, weswegen der Kurs derart hoch war.

Am Ende sind vieles Launen des Marktes. Wer die Kursschwankungen bei Kryptowährungen moniert (siehe nächstes Kapitel), der muss sich noch stärker über die Kursschwankungen von Agrarrohstoffen beschweren. Am stabilsten erweist sich bei langfristiger Betrachtung noch der Reispreis, allerdings ist auch das angesichts der großen Schwankungen ein gnädiges Urteil.

Zwischenfazit

❖ Eine Investition in Agrarrohstoffe ist auch bei langfristigem Anlagehorizont spekulativ

❖ Sofern sich eine Finanzkrise abzeichnet oder die weltweiten Börsen schwach performen, lohnt sich eine Investition, wobei Vorsicht walten sollte: Maximal 20 % der Sparbeträge sollten in dieser Phase in Agrarrohstoffe investiert werden

❖ Risikofreudige oder vermögende Personen dürfen sich anhand der Chart-Technik „Trendsurfing" (siehe Kapitel 1) auch außerhalb von Finanzkrisen an der Geldanlage in Agrarrohstoffe versuchen

Metalle: Edelmetalle und Industriemetalle

Bei Metallen bietet sich bereits ein grundlegend anderes Bild als bei Agrarrohstoffen. Zum einen ist die Datenlage zur Wertentwicklung über mehrere Jahrzehnte verfügbar. So können Sie, im Gegensatz zu Rohstoffen, bei Metallen die Preise bis in die Mitte des letzten Jahrhunderts und darüber hinaus verfolgen. Zum anderen lässt sich in Metalle auch durch einen direkten Kauf des physischen Guts investieren und sie sind langfristig lagerbar.

Nichtsdestotrotz empfehlen sich bei Lagerung des physischen Guts nur speziell die Edelmetalle. Diese sind durch den gegenüber Industriemetallen deutlich höheren Preis pro Gewichtseinheit bereits in kleinen Größen wertvoll und stellen daher keine hohen Ansprüche an Lagerkapazitäten. Ein Blick auf die aktuellen Preise (Stand: Januar 2020) für einzelne Edel- und Industriemetalle pro kg im Vergleich:

Edelmetalle	Industriemetalle
Gold: ca. 45.000 €	Kupfer: ca. 5 €
Silber: ca. 500 €	Nickel: ca. 11 €
Platin: ca. 29.000 €	Blei: ca. 10 €
Rhodium: ca. 291.000 €	Stahl: ca. 0,5 €
Palladium: ca. 66.000 €	Zink: ca. 15 €
Iridium: ca. 43.000 €	Aluminium: ca. 2 €

Sie haben somit einerseits den Überblick über einige der Edel- und Industriemetalle erhalten, andererseits sind Sie bestens über die Tatsache aufgeklärt, dass Edelmetalle den geringsten Lageraufwand bereiten, da kleine Mengen bereits hohe Geldbeträge abwerfen. Die Edelmetalle Rhodium, Palladium und Iridium sind sehr selten. Diese wurden nur der Vollständigkeit wegen aufgeführt.

Der Kauf und die Lagerung der Edelmetalle ist für ein Investment empfohlen, solange Sie die Sicherheit der Edelmetalle gewährleisten können. Ab großen Mengen sollten Sie auf Safes oder Lagerräume bei Banken setzen, was hohe Nebenkosten verursacht. Im privaten Bereich wäre selbst bei einem Safe und Überwachungskameras die Sicherheit hoher Mengen an Edelmetallen nicht gewährleistet. Doch ehe Sie dahin kommen, dass Sie Edelmetalle in hohen Mengen lagern, müssen Sie Millionär oder – viel eher – Multimillionär werden. Bis dahin können Sie Ihre Edelmetalle in kleineren Mengen privat oder in Schließfächern von Banken lagern.

Was die Industriemetalle angeht, so empfiehlt sich eine Lagerung unter keinen Umständen. Hier setzen Sie am besten auf dieselben Formen der Geldanlage, wie es bereits bei Agrarrohstoffen der Fall war: Entweder Sie investieren in Unternehmen, die die Metalle handeln, oder aber in den Wertverlauf mittels ETC. Von einem Fonds ist allerdings abzuraten. Im Idealfall investieren Sie in Industriemetalle, die in Zukunft gefragt sein werden, wie es z. B. bei Lithium aufgrund des steigenden Bedarfs an Lithium-Ionen-Akkus oder aber bei den Metallen der seltenen Erden[26] aufgrund des Bedarfs in der Chipproduktion der Fall ist.

Zwischenfazit

- ❖ Edelmetalle dürfen in physischer Form gekauft und in überschaubaren Mengen gelagert werden
- ❖ Industriemetalle sollten nie in physischer Form gekauft werden, dafür empfiehlt sich die Geldanlage in entsprechende ETCs oder Unternehmen, deren

---

[26] https://institut-seltene-erden.de/seltene-erden-und-metalle/strategische-metalle-2/

> Geschäft auf der Arbeit oder dem Handel mit Indus-
> triemetallen basiert
> ❖ Bei der Geldanlage in Industriemetalle sind stets
> solche zu bevorzugen, die gute Zukunftsaussichten
> haben

Energierohstoffe

Zahlreiche schlecht informierte Menschen setzen mit
Energierohstoffen lediglich die fossilen Energieträger in
Verbindung. Dann heißt es, eine Investition in Energierohstoffe sei eine Schädigung der Umwelt und für die Zukunft
absolut nicht aussichtsreich, da die erneuerbaren Energien
die fossilen Energieträger verdrängen werden. Doch diese
Denkweise enthält Fehler: Erstens fallen in die Energierohstoffe auch die Geothermie und die erneuerbaren Energien,
zweitens gibt es reichlich Nationen, die der Schädigung
der Umwelt keinerlei Bedeutung beimessen und nach wie
vor von fossilen Energieträgern Gebrauch machen werden.
Beispielsweise wird in China in Kohlekraftwerken Strom
gewonnen, was besonders günstige Strompreise zur Folge
hat und den Unternehmen sowie Privatpersonen Vorteile
verschafft. Einen konkreten Fall, wie sich Personen diese
geringen Strompreise zunutze machen, um Vorteile gegenüber anderen zu erhalten, wird das Kapitel 4 über Kryptowährungen vorstellen.

Personen steht es also letzten Endes frei, in erneuerbare Energien oder aber in die fossilen Energierohstoffe
zu investieren. Beides ergibt bei näherer Betrachtung Sinn.
Denn noch ist keine Energiewende vollzogen. Sie wird in den
meisten Staaten Europas mutmaßlich mehrere Jahrzehnte
dauern; den Rest der Welt, der für einen Energiewandel
nicht mal Programme unterhält, mal ausgeklammert. Somit

kann fossilen Energieträgern nicht die Zukunft abgesprochen werden. Es lässt sich vielmehr prognostizieren, dass es sowohl bei erneuerbaren als auch bei fossilen Energieträgern zu einem Auf und Ab in der Wertentwicklung kommen wird: Da beide Arten der Energiegewinnung konträr sind, werden mutmaßlich die Aufs der erneuerbaren Energien Abs der fossilen Energierohstoffe zur Folge haben und andersrum genauso. An dieser Stelle kommt eine Strategie zum Tragen, die bei Portfolios mit Aktien genutzt wird, sofern diese gegensätzlich zueinander sind und der Anstieg des einen Aktienkurses den Fall des anderen Aktienkurses zur Folge hat und andersrum ebenso: Das Rebalancing.

Beispiel

Hannes investiert 30 % in fossile Energieträger und 70 % in die erneuerbaren Energien. Es findet eine Phase statt, in der die erneuerbaren Energien schwächeln und die fossilen als Gegensatz zu diesen besser performen. Nun haben plötzlich die fossilen Energieträger einen höheren Anteil am Wert des Portfolios. An dem Punkt, an dem fossile Energieträger den Anteil von 40 % überschreiten, entscheidet sich Hannes für einen Verkauf der fossilen Energieträger, um die Gewinne einzustreichen und das Portfolio auf das frühere Verhältnis auszubalancieren. Der Vorteil: Er verkauft die Anteile fossiler Energieträger teurer, als er sie gekauft hat und kauft die Anteile an erneuerbaren Energien günstiger ein als zuletzt. Er macht Profit. Nun tritt irgendwann der Gegeneffekt ein, bei dem die erneuerbaren Energien an Wert gewinnen und 80 % am Portfolio ausmachen. Dies ist der Zeitpunkt, an dem ein neuerliches Rebalancing des Portfolios mit Realisierung von Gewinnen stattfindet.

Es lässt sich einiges mit der Geldanlage in Energierohstoffe anstellen: Von wilden Spekulationen über langfristige Strategien. Wem moralische Grundsätze und der Schutz der Umwelt wichtig sind, der kann in die erneuerbaren Energien investieren.

Top 3 der Rohstoffe zur Geldanlage

Nun war das erste Unterkapitel dieses Kapitels eher eine Übersicht über die Rohstoffe, deren mögliche Einteilungen in Gruppen und ein paar Tipps zur Geldanlage. Dies ist allerdings noch nichts Konkretes und eröffnet Ihnen so viele Spielräume, dass Sie sich womöglich überfordert fühlen, was die Entscheidung für eine Geldanlage betrifft. Sofern Ihnen die große Auswahl an Anlagemöglichkeiten im Bereich der Rohstoffe zusagt, dürfen Sie sich gern auf eigene Initiative hin noch genauer informieren. Jene Anleger allerdings, die mit konkreten Tipps für einige Produkte rechnen, erhalten nun eine Top 3 der Geldanlage in Rohstoffe präsentiert.

Zum Rebalancing: Erdöl

Es war ein Paukenschlag, der zwar präzise zu prognostizieren war, aber dennoch bleibenden Eindruck hinterließ: Am 11. Dezember 2019 ging das staatliche Unternehmen *Saudi Aramco* aus Saudi-Arabien an die Börse. Es war der größte Börsengang aller Zeiten. Doch dass er so groß werden würde, hätte nicht mal der saudische Kronprinz Mohammed bin Salman, der federführend bei diesem Börsengang war, gedacht:

- Es wurde lediglich ein Anteil von 1,5 % der Aktien statt der geplanten 5 % herausgegeben. Dennoch wurden 25,6 Milliarden US-Dollar eingenommen.
- Kurz zuvor hatte Mohammed bin Salman mit einer Unternehmensbewertung von 1,2 Billionen US-Dollar

gerechnet (Anmerkung: Abweichende Quelle; spiegel. de). Es wurden letzten Endes 1,7 Billionen US-Dollar.

- Die Aktie startete mit 35,2 Riyal in den Handel, was deutlich oberhalb der angepeilten 32 Riyal lag.

Quelle: tagesschau.de[27]

Kurios dahinter: Der saudische Kronprinz will mit dem Börsengang eigentlich den Umbau von Saudi-Arabien weg von Erdöl finanzieren. Die Abhängigkeit des Landes soll abnehmen, was zumindest annähernd hineininterpretieren lässt, dass die Überzeugung des Staates von der Zukunftsfähigkeit des Erdöls bescheiden ist. Aber dies ist nur die eine Interpretationsmöglichkeit. Die andere Interpretationsmöglichkeit offenbart den nach wie vor hohen Wert des Erdöls. Zwar verfügt Saudi-Arabien über umfassende Erdölreserven, sodass der hohe Unternehmenspreis in Relation zum vorhandenen Erdöl eher gering erscheint. Zudem investierten zahlreiche nationale Investoren sowie Privatanleger, sodass patriotische Gründe hinter der regen Nachfrage vermutet werden. Dennoch zeigen sich einige Tatsachen: Nämlich ist das Unternehmen *Saudi Aramco* durch seinen Börsencoup automatisch in zahlreichen Indizes gelistet und es muss von den Gesellschaften, die ETFs und Aktienfonds erstellen, definitiv ein gehöriger Anteil der Wertpapiere gekauft werden, um die Portfolios anzupassen. Außerdem startete die Aktie mit einem höheren Preis, als es der Nennwert verlangte, und war somit überzeichnet. Wie viel auch immer an negativen Dingen in das Erdöl und seine Zukunftsaussichten hineininterpretiert wird, so lassen sich dennoch die positiven Aspekte nicht leugnen: Erdöl ist ein immer wieder in den Fokus der Anleger rückender Rohstoff.

---

[27] https://www.tagesschau.de/wirtschaft/boerse/saudi-aram-co-boersengang-101~amp.html

In Krisen performte Erdöl hinsichtlich der Kursentwicklung unberechenbar. Während die eine Krise den Preis auf einen Höchststand katapultierte, führte die andere Krise ihn in einen Tiefstand hinein. Bei all diesen Krisen gibt es aber eine Parallele, die verrät, wie das Geld am besten in Erdöl angelegt wird: Ein Preisanstieg beim Erdöl trat immer dann ein, wenn eine Krise zu einer höheren Nachfrage oder einem geringeren Angebot an Erdöl führte. Beispielhaft hierfür zeichnet der Jom-Kippur-Krieg, infolge dessen im Herbst 1973 die erdölexportierenden Staaten die Fördermengen an Erdöl drosselten und politische Forderungen zur Wiederherstellung des bisherigen Zustandes äußerten. Der Erdölpreis stieg aufgrund des geringeren Angebots bei unveränderter Nachfrage – um knapp 70 %!

Heutzutage hat sich die Lage aufgrund der geringeren Abhängigkeit vom Erdöl verändert. Doch Tatsache ist, dass nach wie vor eine Abhängigkeit vom Erdöl besteht und im Vergleich mit anderen fossilen Energielieferanten das Erdöl die weltweit geringsten Reserven verzeichnet[28]. Die Empfehlung an Sie lautet deswegen, falls Sie sich für eine Geldanlage in Erdöl interessieren und dem Erdöl selbst eine gute Zukunft prognostizieren, dann in Erdöl zu investieren, wenn sich Ereignisse von globaler Bedeutung bemerkbar machen, die den Ölpreis positiv beeinflussen könnten.

Krisensicher ist es tatsächlich: Gold

Beim Gold gilt es nur eine Sache einer Prüfung zu unterziehen: Ist Gold wirklich so krisensicher, wie es vermutet wird? Während Erdöl nur in den Krisen im Wert stieg, in denen es auch logisch Sinn machte, wird über Gold vermutet, in allen Krisen von globaler Auswirkung an Wert gewonnen zu haben. Wäre dem so, dann ließe sich Gold problemlos

---

[28] https://www.bgr.bund.de/DE/Themen/Energie/energie_node.html

als Sicherheitsfaktor der eigenen Geldanlage beimischen. Unterziehen wir dies einer Prüfung:

- Zeitraum 1930-1940: Gold steigt um ca. 64 % im Wert! Dies geschieht zu Zeiten der ersten großen Weltwirtschaftskrise, die insbesondere die Wirtschaftsmacht USA schwer trifft.
- Zeitraum 1970-1975: Gold steigt um ca. 347 % im Wert! In diesem Zeitpunkt findet die Ölpreiskrise statt, die im Abschnitt über Erdöl erläutert wurde.
- Zeitraum 1975-1980: Gold steigt um ca. 282 % im Wert! Insbesondere das Jahr 1980 ist ausschlaggebend, welches mit einem neuen erzkonservativen US-Präsidenten, Boykotten, Kriegen und Attentaten in die Geschichte eingeht.
- Zeitraum 2006-2010: Gold steigt um ca. 103 % im Wert! Es findet eine Weltwirtschaftskrise statt, deren Nachwirkungen bis heute spürbar sind.

Quelle: statista.com[29]

Auch wenn die Renditen prozentual gesehen mit der Zeit kleiner wurden, so ist der Preis von Gold um hohe Beträge gestiegen. Denn je mehr Gold wert ist, umso geringere prozentuale Beträge braucht es, um seinen Wert in Einheiten einer Währung deutlich zu steigern. Alles in allem fielen die besten Kursentwicklungen des Goldes in die Zeiträume der weltweiten Krisen hinein. Gold kann aus diesem Grund zwar nicht als garantiert krisensicher angesehen werden, jedoch liegt die Vermutung nahe, dass es in einer neuerlichen Krise wieder gut performen wird. Was für eine Geldanlage in Gold spricht, ist zudem der kulturell hohe Stellenwert des Goldes in Nationen wie Indien, China und dem Orient. Ein weiteres

---

[29] https://de.statista.com/statistik/daten/studie/156959/umfrage/entwicklung-des-goldpreises-seit-1900/

Argument für eine Geldanlage: Gold schwankt zwar und sein Wert ist nach den Krisen teilweise wieder deutlich zurückgegangen, aber es vollzog über längere Zeiträume immer Steigerungen.

Noch mehr Pro-Argumente als Erdöl und zudem in der physischen Form praktisch lagerbar: Gold bringt Sicherheit ins eigene Portfolio. Über einen Zeitraum von fünf bis zehn Jahren monatlich einen Anteil von 20 % der eigenen Sparbeträge in Gold zu investieren und dann das Gold langfristig zu lagern, ist eine kluge Form der Geldanlage.

Trendy: Das Industriemetall Lithium

Lithium-Ionen-Akkus sind die häufigste Sorte von Akkus. Sie halten in den neuesten Generationen immer länger und senken das Risiko von Spannungsverlusten in den Akkus, was Brände und Schäden verursachen kann. Folglich ist es nur allzu nachvollziehbar, dass sie häufig in Geräten verbaut werden. Der Großteil der High-End-Smartphones und -Notebooks enthält Lithium-Ionen-Akkus. Passend dazu steigt das für die Akkus benötigte Leichtmetall Lithium im Wert.

Das Wachstum in diesem Bereich hat Lithium jedoch bereits ausgeschöpft. Seit 2000 stieg es im Schnitt um 20 % pro Jahr, was dem hohen Aufkommen an mobilen elektronischen Geräten zu verdanken war. Nun liegt es bei einem Wert, der statt 2.000 US-Dollar pro Tonne 6.000 US-Dollar pro Tonne beträgt. Doch wo sich ein Markt schließt, eröffnet sich ein neuer und möglicherweise umso größerer Markt: Der Markt der Elektromobilität. Auch hier werden die Lithium-Ionen-Akkus eine Rolle spielen; zumindest zunächst, denn auf lange Sicht ist es ungewiss, ob sich beim Antrieb von E-Autos nicht doch alternative Technologien wie die Brennstoffzellentechnik durchsetzen werden[30]. Doch beruhigend wirkt die Tatsache, dass einige alternative Technologien ebenfalls das Leichtmetall Lithium erfordern, wie es z. B. bei der gerade erforschten Lithium-Schwefel-Technologie[31] der Fall ist.

Vorerst ist die positive Entwicklung des Lithium-Werts als ein Trend einzustufen. Es ist jedoch als Trend im Moment zuverlässiger als die Geldanlage in Erdöl. Auch für die Zukunft erscheinen auf lange Sicht die Perspektiven von Lithium schillernder als beim Erdöl. Zudem bestehen mehr Möglichkeiten, ein Investment zu tätigen: Von Unternehmen, die Lithium fördern oder herstellen, über Verkäufer entsprechender Batterien bis hin zu den üblichen Wertpapieren des Finanzmarktes, die den Lithium-Kurs abbilden – es existieren einfach viel mehr Angebote, um eine Geldanlage zu tätigen. Der Tipp dieses Ratgebers ist, in Lithium höchstens einen geringen Anteil von 10 % des über den Zeitraum eines Jahres angesparten Geldes anzulegen. Der angesparte Betrag wird vorerst in Lithium gehalten, ehe die nächsten Jahre mehr Aufschluss darüber geben, ob Lithium mehr als nur ein langer Trend ist und einen bedeutenden Platz in der Zukunft erhält. Viel eher sollten Sie als Anleger Ihr Aktienportfolio um Aktien von Unternehmen, deren Geschäft auf Lithium basiert, erweitern. Dies ist die beste Strategie, um sicher und ertragreich vom Lithium-Trend zu profitieren.

---

[30] https://amp2.wiwo.de/finanzen/geldanlage/lithium-so-profi-tieren-anleger-vom-leichtmetall-der-zukunft/14923040.html

[31] https://www.mdr.de/wissen/faszination-technik/lithium-schwefel-akkus-zukunft-e-auto-100.html

Abschließendes Knowhow zur Geldanlage in Rohstoffe

Die politischen und kulturellen Einflüsse miteinbeziehen

Die Wertentwicklung der Rohstoffe unterliegt politischen und – viel mehr als jede andere Geldanlage – kulturellen Einflüssen. Insbesondere am Beispiel der Edelmetalle zeigt sich die kulturelle Bedeutung. Was für einen Anstieg des Reispreises spricht, ist die Tatsache, dass Reis insbesondere auf dem asiatischen Kontinent, dem Kontinent mit der größten Bevölkerungszahl, ein traditionelles Nahrungsmittel ist. Dies ist die kulturelle Seite. Betrachten wir es von der politischen Seite her, dann erlangen wir zwar keine Rückschlüsse auf den Reispreis, dafür aber auf den Lithiumpreis und die erneuerbaren Energien. Insbesondere in der EU wird der Fokus auf den Umstieg auf erneuerbare Energien und mehr Umweltfreundlichkeit gelegt. Dies eröffnet dem Kurs von Lithium aufgrund seiner Notwendigkeit für die E-Mobilität und dem Kurs der erneuerbaren Energieträger aufgrund ihrer Umweltfreundlichkeit gute Zukunftsaussichten.

Politik und Kultur – informieren Sie sich nach Möglichkeit über andere Regierungen und Völker, um Entwicklungspotenziale zu identifizieren! So steigern Sie bei Rohstoffen Ihre Aussichten auf erfolgreiche Investments.

Bei Unsicherheit bezüglich einzelner Rohstoffe auf Fonds setzen

Sind Sie sich bei der Entwicklung einzelner Rohstoffe unsicher, dann sind Fonds das beste Investment. Sie umfassen mehrere Rohstoffe, wobei wählbar ist, ob die Kursentwicklungen von Agrarrohstoffen, Metallen, Energierohstoffen oder allen möglichen Anlagen in einem Mix vom Fonds abgebildet werden sollen. Insbesondere bei den Agrar-rohstoffen sind Fonds nahezulegen, da nicht mal Experten deren Entwicklungen auch nur ansatzweise mit Sicherheit prognostizieren können. Der Vorteil: Einen ETF auf Agrar-rohstoffe können Sie problemlos in Ihrem Aktienportfolio den anderen ETFs beimischen.

Investieren Sie in das, wohinter Sie moralisch stehen!

Gehen wir davon aus, Sie seien der größte Gegner von Erdöl: Dennoch folgen Sie einigen Entwicklungen sowie Prognosen und treffen die Entscheidung für eine Geldanlage in Erdöl. Nun fällt Erdöl unaufhörlich, Sie verkaufen Ihr Zertifikat oder die Aktie – je nachdem, wie Sie investiert haben – und fahren einen Verlust ein. Nun haben Sie zwei Dilemmata: Einerseits haben Sie in etwas investiert, was Sie moralisch nicht vertreten, andererseits haben Sie verloren. Hätten Sie ein Investment in einen Rohstoff getätigt, hinter dem Sie wenigstens ideologisch stehen, dann würden Sie sich nur einen Vorwurf machen müssen, sofern das Investment zum Verlust würde.

Dementsprechend gilt: Investieren Sie in das, woran Sie glauben und was Sie vertreten. Tun Sie dies aber nur dann, wenn Sie sich sicher sind, dass der jeweilige Rohstoff eine realistische Perspektive zum Wertgewinn hat. Diese Strategie hat zudem einen weiteren Vorteil: Darüber, was Sie moralisch vertreten, sind Sie in der Regel besser informiert. Dies bedeutet, dass Sie mehr Knowhow in die Invest-ment-Entscheidung einbringen und die Geldanlage mehr Substanz hat. Dadurch steigen die Erfolgsaussichten.

Zusammenfassung

Wenn Sie aufmerksam zwischen den Zeilen gelesen haben, dann werden Ihnen mehrere vage und vorsichtige Formu-lierungen aufgefallen sein. Dies hat seinen guten Grund:

Investments in Rohstoffe sind mittlerweile mehr als 100 Jahre alt und haben eine Geschichte, die nur eines mit Zuverlässigkeit gezeigt hat: Viele Kursschwankungen, die von einer Geldanlage in Rohstoffe eher abschrecken als anraten. Einzig das Gold und andere Edelmetalle sowie mit Abstrichen Lithium sind Rohstoffe, die sich für eine wahrscheinlich gewinnbringende Geldanlage eignen. Doch an dieser Stelle kommen Sie mit Ihrer Eigenverantwortung ins Spiel: Sollten Sie aus irgendwelchen Gründen über ein umfassendes Knowhow zu einem bestimmten Rohstoff verfügen, dann sind Sie qualifiziert, sich ein Urteil zu bilden, welches über die wenigen Abschnitte dieses Ratgebers zum Thema Rohstoffe hinausgeht. Denn dieser Ratgeber will keineswegs von sich behaupten, das Referenzwerk in der Expertise über Rohstoffe zu sein. Er kratzt bei Rohstoffen im Rahmen dieses Kapitels lediglich an der Oberfläche und animiert Sie, sich selbst zu informieren oder Ihre bereits vorhandene Expertise einfließen zu lassen, falls Sie sich von Rohstoffen zur Geldanlage angesprochen fühlen. Bereiten Ihnen Rohstoffe hingegen Unbehagen, dann nehmen Sie Abstand von derartigen Investments. Abgesehen davon, einen kleinen Anteil der Ersparnisse über einen vorab definierten Zeitraum von fünf bis zehn Jahren in Gold zu investieren, rät Ihnen dieser Ratgeber von Rohstoffen zur Geldanlage ab. Nutzen Sie die Erkenntnisse dieses Kapitels lieber, um anhand der von Unternehmen verwendeten Rohstoffe die besten Unternehmensaktien zu kaufen und so eine gute Rendite einzufahren.

Kryptowährungen: Ein Jahr in aller Munde und Rekorde gebrochen – was bleibt nun zurück?

Die Kryptowährungen werden Personen, die deren Entwicklung aufmerksam über die letzten Jahre verfolgt haben, noch bestens aus dem Jahr 2017 in Erinnerung geblieben sein: In diesem Jahr erreichte der Bitcoin, der die populärste aller Kryptowährungen ist, sein Allzeithoch und machte aus zahlreichen gewöhnlichen Menschen Millionäre. Doch danach folgte ein Absturz und ein Großteil der hellhörig gewordenen Personen winkte ab. Kryptowährungen galten von nun an als „Spielzeug" risikofreudiger Anleger. Finanzexperten bemühen sich seitdem, immer wieder zu betonen, dass die Geldanlage in die Kryptowährungen nichts von Bestand ist. Doch bei einer umfassenden Betrachtung werden mehrere Dinge deutlich:

1. Kryptowährungen weisen ein Konzept auf, welches in der Zukunft höchstwahrscheinlich gefragt sein wird.
2. Hinter einer jeden Kryptowährung steckt ein Projekt, welchem sich für die Zukunft ganz eigene – meistens sogar vielversprechende – Perspektiven eröffnen.
3. Kryptowährungen erzielen im Großen und Ganzen konstante positive Renditen.

Nach dem Turbo-Jahr 2017 ist einiges zurückgeblieben. Im Vergleich mit Aktien gibt es beeindruckende Parallelen. Tauchen Sie in diesem Kapitel in die Kryptowährungen ein und bringen Sie Ihr Wissen von 0 auf 100. Aber allem voran:

Sagen Sie dem generalisierten Halbwissen in der Öffentlichkeit „Goodbye" und bilden Sie sich Ihre eigene qualifizierte Meinung von Kryptowährungen!

Grundlegendes zu Kryptowährungen

Ehe wir uns eingehend mit den Renditemöglichkeiten und der Geldanlage in Kryptowährungen befassen, ist es erforderlich, sich das grundlegende Wissen über diese Währungsart anzueignen. Dies hilft, den Hype rund um die Kryptowährungen zu verstehen und das Zukunftspotenzial dieser Geldanlage selbst beurteilen zu können.

Kryptowährungen sind digitale Währungen. Nun gibt es digitale Währungen bereits seit einiger Zeit, doch Kryptowährungen weisen die Besonderheit kryptografischer Verschlüsselungen auf. Was dies für die Nutzer bedeutet, wird noch hinreichend besprochen werden. Mit den kryptografischen Verschlüsselungen sind wir bereits bei dem Grundgerüst von Kryptowährungen angekommen; nämlich der Blockchain. Sie verschlüsselt die Informationen über Transaktionen und enthält die komplette Anzahl an Währungseinheiten. Denn die meisten Kryptowährungen – zumindest trifft dies auf die bekanntesten zu – sind von vornherein in ihrer Anzahl begrenzt. Bei Bitcoin liegt die Begrenzung bei knapp unter 21 Millionen Währungseinheiten[32]. Somit zeichnet sich jede digitale Währung durch ihre Endlichkeit aus. Dies bedeutet, dass eine Inflation gar nicht möglich ist, sondern mit zunehmendem Bestand und mit der Nutzung durch die Menschen eher die Deflation wahrscheinlich ist, was eine erste Besonderheit darstellt.

---

[32] https://www.btc-echo.de/bitcoin-anzahl-wie-viele-bitco-ins-gibt-es/

Hinweis!

Es existieren vereinzelt Kryptowährungen, die nicht endlich sind. Dies sind aber bei weitem nicht die populärsten unter den Kryptowährungen. Sie spielen vorerst keine Rolle.

Laut Statista waren im Dezember 2019 bereits 18,13 Millionen der möglichen Bitcoins im Umlauf[33]. Interessant ist darüber hinaus, dass das Mining – wie die Gewinnung der Währung bezeichnet wird – voraussichtlich erst 2140 vorbei sein wird[34]. Während also anfangs noch die Gewinnung der Bitcoins schnell vonstattenging, wurde sie mit den Jahren immer aufwendiger und nahm mehr Zeit in Anspruch. Dies liegt daran, dass anfangs pro errechnetem Block noch 50 Bitcoins freigegeben wurden, während sich die Menge alle 210.000 errechnete Blöcke halbiert hat. Es ist somit im Code fest definiert, wie viele Bitcoins freigegeben werden und wie viele Bitcoins überhaupt existieren. Diese Regeln ziehen sich durch die Bitcoins und sind ein zentrales Stärkemerkmal der Währung – feste Regeln!

Die Blockchain ist ein Netzwerk, welches für jeden Nutzer einsehbar ist und auf diesem Wege eine hohe Transparenz schafft. Dabei begann alles mit dem ersten Block durch den Erfinder. Durch die Erschließung weiterer Blöcke wurde eine Kette aus Blöcken geschaffen, die Blockchain. Ein errechneter Block wird an den anderen gehängt und mit einer Prüfsumme versehen. Diese Prüfsumme nennt sich Hash. Werden Transaktionen mit den Währungseinheiten

---

[33] https://de.statista.com/statistik/daten/studie/283301/ umfrage/gesamtzahl-der-bitcoins-in-umlauf/

[34] https://www.btc-echo.de/bitcoin-anzahl-wie-viele-bitco-ins-gibt-es/

eines Blocks getätigt, dann wird dies in dem Block vermerkt. Die Transaktionen werden anonym von einer Adresse zur anderen geschickt und genauso anonym im Netzwerk eingetragen. Eine komplette Nachvollziehbarkeit der Transaktionshistorie ist gegeben[35].

Um die Richtigkeit der Transaktionen ohne Dritte zu bestätigen, wird bei Kryptowährungen von zwei Schlüsseln Gebrauch gemacht, die jeder Nutzer besitzt. Der erste ist der *Public Key*, der zweite wiederum der *Private Key*. Der erste Schlüssel erfüllt die Funktion einer Kontonummer, damit eine Transaktion zwischen zwei Parteien getätigt werden kann. Beim zweiten Schlüssel handelt es sich um eine Bestätigung, dass der erste Schlüssel tatsächlich dem Nutzer gehört. Namentlich wird jedoch nichts identifiziert, weswegen anonyme Transaktionen tatsächlich ermöglicht werden. Während bei der Überweisung von Bankkonto zu Bankkonto die Banken zwischengeschaltet sind und der Staat kontrollieren kann und es bei Bargeldzahlungen keine 100-prozentige Sicherheit für den Erhalt der Ware gibt, verhält es sich bei Kryptowährungen anders: Keine Kontrolle durch Banken und den Staat, gleichzeitig aber große Sicherheiten! Sie sind gewissermaßen digitales Bargeld.

Näheres zur Errechnung der Bitcoin

Der Erfinder Satoshi Nakamoto – höchstwahrscheinlich ein Pseudonym; es wird eine aus Großbritannien stammende Person vermutet – orientierte sich bei seinem Konzept für denBitcoin in vielfacher Hinsicht am Gold. Einerseits spiegelt sich dies im endlichen Charakter durch die begrenzte Anzahl an Bitcoin wider, andererseits trägt das Errechnen der Währungseinheiten dazu bei. Passend formulierte Nakamoto: *„Das fortlaufende Hinzufügen eines konstanten Betrags neuer Coins ist analog zum Schürfen von Gold (engl. Mining), bei dem ein Aufwand erbracht wird, um Gold in Umlauf zu bringen. In unserem Fall ist der Aufwand die Zeit* *und die Elektrizität, die durch die Rechenleistung in Anspruch genommen wird.“*

Exakt so ist es: Die Errechnung der Bitcoins nimmt Zeit und Elektrizität in Anspruch. Die Zeit ist dabei nicht das Problem, da die Rechenarbeit automatisiert erfolgt. Sie als Miner (so werden Personen genannt, die Bitcoins errechnen) müssten rein theoretisch nur Ihren PC mit der richtigen Ausstattung anmachen und rechnen lassen, während Sie Ihrer Arbeit und Ihren Freizeitaktivitäten nachgehen. Das schwerwiegendere Problem ist die Elektrizität, da die Rechenarbeit eine enorme Leistung in Anspruch nimmt. Hierzulande sind die Strompreise im weltweiten Vergleich außerordentlich hoch:

Staat	Strompreis in US-Dollar-Cent pro Kilowattstunde)
Italien	15,7
Deutschland	15,22
Großbritannien	14,16
Belgien	11,17
Portugal	11,05

Quelle: de.statista.com[36]

Die Vereinigten Staaten kommen auf einen Wert von 9,43. In China hingegen ist Strom besonders günstig. Dies führt dazu, dass in China ein Großteil der Miner ansässig ist und das Mining maximal kostengünstig und maximal effizient unterhält.

Das anspruchsvolle bei der Errechnung der Blöcke ist die Erzeugung der Prüfsummen für die Blöcke; also der Hashes: Es gibt 10^{77} Möglichkeiten, einen Hash zu erzeugen.

---

[36] https://de.statista.com/statistik/daten/studie/13020/umfrage/strompreise-in-ausgewaehlten-laendern/

Sie nehmen also die Zahl 1 und setzen 77 Nullen dahinter. Nun können Sie annähernd erahnen, in welche Richtung es geht. Für die Mathematiker unter den Lesern: Es wird der SHA256-Algorithmus für den Hash angewandt. Er ist 64 Stellen lang und jeder Buchstabe von A bis F sowie jede Ziffer repräsentieren jeweils 4 Bits an Informationen. So kommt es durch Berechnung sämtlicher Stellen auf einen Wert von 256 Bits, was der Grund für die Namensgebung für den Hash ist. Hinter dieser Komplexität eines Hashes verbirgt sich der Grund für die Fälschungssicherheit der Transaktionen mit Kryptowährungen: Ein Rechner, der pro Sekunde 10.000 Hashwerte errechnet, bräuchte eine Quadrilliarde Jahre, um zwei identische Werte für einen Hash zu finden. Dies bedeutet, dass Manipulationen mit den uns bekannten Mitteln auf der Welt unmöglich sind. Sollte dennoch eine Manipulation versucht werden, wird automatisiert festgestellt, dass der Hash mit der Blockchain nicht übereinstimmt.[37]

Um die Rechenarbeit erfolgreich durchzuführen, sind neben reichlich Kapital für die hohen Stromrechnungen folgende Hard- und Software erforderlich:

- Hochwertige Grafikkarte: Je neuer und besser die Grafikkarte ist, umso optimaler wird die Rechenarbeit ausfallen.
- Netzteil mit mindestens 1.000 Watt, um dem Betrieb langfristig standzuhalten.
- Motherboard mit möglichst vielen Anschlüssen für möglichst viele Grafikkarten. Im Idealfall handelt es sich um die flotten PCI-Express-Anschlüsse.
- Kühlung und kühle Räume: Da die Rechenarbeit unter Hochdruck läuft, drohen die Rechner heiß zu laufen.

---

[37] Walsh, D.: *Kryptowährungen – Mehr als nur die Bitcoin*, 2018.

Neben einem fortschrittlichen Kühlsystem sind kühle Räume wichtig.

- Monitor, Soundkarte, Tastatur und Maus dürfen das billigste vom Billigen sein.
- Der Prozessor und der Arbeitsspeicher müssen nur so gut sein, sodass die Programme, die das Mining unterstützen, optimal laufen.
- Darüber hinaus sind eine Mining-Software und Wallets als Geldbörsen für die Coins erforderlich.

Hinweis!

Der hohe Bedarf an Grafikkarten führte zwischenzeitlich zu einem explosiven Anstieg der Aktienkurse des Herstellers *NVIDIA*. Damit die Produkte nicht sofort in Massen ausverkauft waren, wurde von Verkäufern sogar eine Begrenzung für den Kauf von Grafikkarten festgelegt. Somit lässt sich mit dem Hintergrundwissen um verschiedene angesagte Themen, wie in diesem Fall Kryptowährungen, Geld besonders klug in Aktien anlegen. Dieser Hinweis diente an dieser Stelle dazu, zu illustrieren, wie Sie branchenübergreifendes Allgemeinwissen vernetzen und Aktienkurse vorausahnen können.

Als Alternative zum Mining mit der genannten Hardware lassen sich über Cloud-Anbieter externe Rechenkapazitäten nutzen. Clouds haben in diesem Bereich jedoch ein bei langer Nutzung äußerst teures Angebot. Des Weiteren sind in der Vergangenheit einige Angebote in diesem Bereich unseriös gewesen. Definitiv seriös sind die führenden Anbieter, wozu *Hashflare* und *Genesis Mining* gehören. Letzterer ist der größte Anbieter für das Bitcoin-Mining.

Die großen Vorteile der Kryptowährungen

Der allergrößte Vorzug von Kryptowährungen ist der dezentrale Charakter. Der Aspekt der Dezentralisierung stößt allem voran hierzulande auf viel Interesse. Denn die Kontrolle des Staates wird in Deutschland von Jahr zu Jahr durch neue Gesetze stärker und stärker. Ab dem 1. Januar 2020 ist eine neue Grenze für den Bargeldkauf von Gold eingetreten[38]. Demnach sind nicht mehr wie bisher 10.000 € bar, sondern 2.000 € bar die Obergrenze für den Kauf von Gold und anderen Edelmetallen. Alles andere wird für zentrale Stellen nachvollziehbar übers Konto überwiesen. Über solche Bargeldgrenzen wird auch bei anderen Bezahlungen gesprochen. Zwar ist dieses Gesetz im Hinblick auf die Vermeidung bzw. Verringerung von Geldwäsche und Korruption nachvollziehbar, doch eine Sache lässt sich nicht leugnen: Diese Regelung betrifft alle Bürger und somit auch die legal aktiven. Die Leute können sich nicht mehr so stark wie früher der Kontrolle des Staates entziehen, sondern legen mittlerweile eine zunehmende Menge an Transaktionen offen. Bei einer Dezentralisierung ist dies nicht gegeben. So haben Kryptowährungen zweifelsohne einen enormen Vorzug und liefern den Bürgern die erhoffte Anonymität. Zwar werden Kryptowährungen deshalb auch für illegale Transaktionen verwendet, doch im illegalen Sektor lassen sich immer Wege finden, das Gesetz zu umgehen. Da sind Kryptowährungen keineswegs die Wurzel des Problems.

Ein weiterer Vorteil, der aus der Dezentralisierung folgt, ist die adäquate Antwort auf schlechte Geldpolitik. Kryptowährungen werden von Nutzern erzeugt und gehandelt, sodass ein Herunterwirtschaften der Währungen nicht möglich ist; zumindest nicht in dem Stil, in welchem es die Regierungen

---

[38] https://newsroom.proaurum.de/2-000-statt-10-000-euro-bundestag-beschliesst-absenkung-der-bargeldgrenze-fuer-edelmetallkaeufe/

durch Niedrigzinsphasen und instabiles Wirtschaften bei anderen Währungen vormachen.

Banken stehen der Blockchain offen gegenüber. Die Blockchain-Technologie ist nämlich der Schlüssel zur Beschleunigung von Überweisungen. Während Geldtransfers in Entwicklungsländer zwischen den Banken gut und gern mehrere Tage oder Wochen betragen, findet innerhalb einer Blockchain eine Überweisung aus Asien nach Afrika binnen weniger Minuten statt. Die Dauer hängt von der gezahlten Gebühr ab, die an Transaktionen innerhalb der Blockchain geknüpft ist. Aber im Großen und Ganzen ist eine Beschleunigung von Überweisungen mit der Blockchain garantiert.

Auf der Seite der Nachteile steht als einziger nennenswerter Aspekt die Tatsache, dass die kryptografisch verschlüsselten Transaktionen für illegale Geschäftsabwicklungen genutzt werden können. Doch wie bereits erwähnt ist die Blockchain nicht die Wurzel des Problems. Dies erkennen selbst starke Kritiker an und sprechen den Kryptowährungen einiges an Zukunftspotenzial zu.

Kryptowährungen als Geldanlage – machbar oder Irrsinn?

Wie mutmaßlich alles, was neu ist, erfahren auch die Kryptowährungen Skepsis. Doch bei Kryptowährungen ist die Skepsis erstaunlich hoch. Dabei scheint der Antrieb bloße Sturheit zu sein. Denn sogar Experten aus verschiedenen Branchen, mitunter von der Börse und aus dem Investmentbanking, sprechen sich klar gegen Kryptowährungen aus:

- „Das ist gar keine Geldanlage, sondern Unsinn."
- „Kryptowährungen? Nur etwas für Daytrader, die mit dem Risiko bei Wertpapieren nicht ausreichend bedient sind!"
- „Auf lange Sicht haben die keine Chance."

Woran diese verbissene Haltung gegen Kryptowährungen liegen mag, steht in den Sternen. Kennen denn Finanzexperten nicht die hohe Volatilität, mit der Wachstumsunternehmen an der Börse performen? Wahrscheinlich schon, doch bei den Kryptowährungen werden die Füße kälter denn je.

Höchstwahrscheinlich ist der Hauptgrund dafür die Tatsache, dass Kryptowährungen eine Konkurrenz gegen sich stehen haben, die fest in den Händen von Regierungen, Banken und anderen machtvollen Akteuren liegt: Die traditionelle Währung. Es mag verrückt klingen, die klassischen Währungen – auch Fiatgeld genannt – vom Thron stürzen zu wollen. Doch dies ist bereits der erste Denkfehler: Wieso müssen Kryptowährungen das Ende des Fiatgeldes bedeuten? Es ist ebenso eine Koexistenz beider Währungsarten möglich – und vielleicht sogar notwendig! Denn anscheinend tut der Staat durch die zunehmende Kontrolle in nahezu allen finanziellen Bereichen alles dafür, dass Kryptowährungen eine Möglichkeit werden, sich der Kontrolle des Staates – wo es möglich ist – zu entziehen. Die Gesetzgebungen in der EU und in Deutschland sind ein Plädoyer für Kryptowährungen.

Alles in allem lässt sich über Kryptowährungen nicht sagen, dass sie eine ebenso sichere Anlage seien wie Aktien. Doch ebenso wenig darf hart geurteilt werden, um die Kryptowährungen als Irrsinn abzutun. Wie Sie im Kapitel über Aktien und Wertpapiere lernen durften, wird mehr Risiko entweder stärker belohnt oder es kommt zum Verlust. Ganz nüchtern betrachtet, lässt sich eine klare Linie ziehen:

Wenn Kryptowährungen sich durchsetzen, dann wird das, was heute 1.000 € wert ist, in Zukunft wahrscheinlich das Hundert- oder Tausendfache wert sein. Denn gefragte Währungen, die sich durch Deflation auszeichnen, werden nicht an Wert verlieren. Das ist die optimistischste Darstellung.

Sollten Kryptowährungen hingegen scheitern, dann ist das Investment futsch. Dieses Szenario ist jederzeit möglich.

Bis es zu einem dieser Szenarien kommen wird, werden die Kursverläufe der Kryptowährungen aber wahrscheinlich noch viele Jahre in den Kursschwankungen verweilen, in denen sie gerade sind. Doch ist das für langfristige Anleger schlecht? Die besten Renditen von Kryptowährungen im Jahr 2019 verschaffen einen Eindruck:

Währung	Rendite
Binance Coin	+475 %
Tezos	+255 %
Litecoin	+254 %
Bitcoin Cash	+166 %
EOS	+158 %
Bitcoin	+134 %
Cardano	+106 %
Dash	+100 %
Monero	+93 %
Ethereum	+91 %

Quelle: coincierge.de[39]

Zwischendurch musste man den ein oder anderen Tag Renditen von -10 % bei einigen der Kryptowährungen hinnehmen. Aber am Ende des Jahres war alles in Ordnung. Dies ist eine Tatsache, die die wenigsten Anleger – sogar die erfahrenen – bei den Kryptowährungen begreifen können.

---

[39] https://coincierge.de/2019/die-10-kryptowaehrungen-mit-der-besten-performance-des-jahres/

Beispiel

Tom – ob Profi oder Anfänger, ist für unser Beispiel egal – ist eigentlich von Kryptowährungen überzeugt und prophezeit ihnen eine glorreiche Zukunft. Aber es gibt diese vielen zwiespältigen Meinungen in der Öffentlichkeit. Die Finanzexperten jedoch scheinen alle einig: Kryptwährungen sind hochriskant und haben bei der Geldanlage keinerlei Daseinsberechtigung. Nun ist Tom geneigt, dennoch einmal die für ihn entbehrliche Summe von 1.000 € in eine Kryptowährung zu investieren. Er guckt einige Wochen lang hin und wieder in die Kursverläufe von Kryptowährungen. Zufälligerweise erwischt er exakt jene Tage, in denen es größtenteils heißt: - 10 %, -9,2 %, -3,4 %, -4,8 % und so weiter. Diese vereinzelten negativen Eindrücke bewegen ihn dazu, von einem Investment in Kryptowährungen Abstand zu nehmen.

Einzelne negative Eindrücke vermögen es, von der Gesamtentwicklung abzulenken. Dies werden Sie definitiv bei Kryptowährungen ebenso erleben, wenn Sie sich mit den Kursverläufen so befassen, wie Tom es in unserem Beispiel tat. Auch wenn die Jahresrenditen für die populärsten Coins beeindruckend ausfallen, so wird es wahrscheinlich Monate geben, in denen dies nicht der Fall sein wird. Ein umfassenderer Blick auf die Kursverläufe vom März 2017 bis Februar 2018 klärt auf:

März 2017	April 2017	Mai 2017	Juni 2017	Juli 2017	August 2017	September 2017	Oktober 2017	November 2017	Dezember 2017	Januar 2018	Februar 2018
Ripple 293,5%	Ripple 137,2%	Stellar 612%	NEO 751,5%	Bitcoin 15,2%	NEO 350,7%	NEO 2,9%	Stellar 112,8%	EOS 260,1%	Ripple 818,7%	NEO 91,6%	Litecoin 24,1%
Ether 215,6%	Lite-coin 136,2%	Ripple 373%	Lite-coin 59,4%	Lite-coin 6,5%	Mon-ero 252,7%	Bitcoin -7,7%	Bitcoin 48,4%	BTC Cash 215,3%	Stellar 399,3%	Stellar 50,1%	Monero 4,4%
Dash 127,8%	Stellar 105,8%	Ether 194,1%	Dash 33,1%	Dash -1,4%	Dash 110,9%	Dash -13,5%	EOS 8,9%	Dash 182,8%	EOS 209,9%	Ether 48,1%	Bitcoin 1,5%
Lite-coin 76,4%	NEO 77,6%	NEO 184,8%	Ether 27,1%	Mon-ero -8,8%	Ether 87,3%	Ether -21,4%	Ether 1,4%	Stellar 145,6%	Litecoin 163,3%	EOS 39,6%	NEO -8,4%
NEO 73,4%	Ether 58,8%	Mon-ero 76,4%	Bitcoin 8,9%	NEO -16,1%	Lite-coin 64,7%	Litecoin -22,2%	Ripple 1,3%	Monero 105%	NEO 131,7%	Monero -21,7%	Dash -16,4%
Mon-ero 66,8%	Bitcoin 25,8%	Bitcoin 69,7%	Ripple 7,8%	Ether -33,2%	Bitcoin 63,8%	Ripple -22,7%	BTC Cash 1,1%	Bitcoin 58,3%	Monero 94,5%	Bitcoin- 27,5%	BTC Cash -19,2%
Stellar 27,5%	Dash 23,2%	Lite-coin 61,3%	Mon-ero 4,5%	Ripple -36,1%	Ripple 52,2%	BTC Cash -26,4%	Lite-coin 1,1%	Litecoin 57,9%	BTC Cash 83,4%	Litecoin -29,4%	Ripple -22,1%
Bitcoin- 9,2%	Mon-ero 15,6%	Dash 49,2%	Stellar -21,7%	Stellar -40,3%	Stellar 38,7%	Monero -32%	Mon-ero -8,3%	Ether 45,6%	Ether 69,8%	Dash -33,7%	Ether -23,5%
					EOS -25,7%	Stellar -38,2%	Dash -14,8%	Ripple 25%	Bitcoin 38,4%	BTC Cash -41,2%	EOS -31,5%
						EOS -44,5%	NEO -16,8%	NEO 15,9%	Dash 33,9%	Ripple -49,6%	Stellar -38,2%

Quellen: Walsh, 2018[40], kryptovergleich.org[41]

Diese Übersicht ist freundlicherweise und in aller Ausführlichkeit von Walsh in seinem Werk *Kryptowährungen – Mehr als nur die Bitcoin* (2018) und von der Website *kryptovergleich.org* zusammengestellt. Sie bildet die Phase ab, die den Kryptowährungen-Boom aus dem Jahr 2017 umfasst. Es ist interessant, zu beobachten, dass der Bitcoin ausgerechnet rund um die Zeiten seines Allzeithochs im Dezember 2017 mehrere negative Renditen aufwies. Zwar war das gesamte Jahr damals ein Ausnahmejahr, doch es ist bereits von der Börse bekannt: Insbesondere die jungen Wachstumsunternehmen überzeugen zunächst mit explosiven Kursen und erleben dann einen Fall. Dies war bei Bitcoin ebenfalls gegeben. Letzten Endes war es nur eine Frage der Zeit und kein Wunder, denn welcher der Anleger wollte nicht die beeindruckenden Gewinne einstreichen, die eine Geldanlage in Bitcoin im Jahr 2017 gebracht hatte? Doch Bitcoin hat sich bis heute erholt und verzeichnet ebenso wie viele anderen der in der Tabelle abgebildeten Kryptowährungen nun ein solides langsames Wachstum.

Wir merken also, dass im Vergleich zu den normalen Mechanismen des Kapitalmarktes bei Kryptowährungen vieles so verlief, wie man es von Geldanlagen in Wachstumsaktien bzw. „Wachstumscoins" erwarten darf. Dies ist zwar kein Plädoyer für die Sicherheit von Kryptowährungen, doch ebenso wie sich negative Tendenzen und Prognosen interpretieren lassen, lässt sich für die Kryptowährungen einiges Positives prognostizieren. Im Grunde genommen ist sogar das Positive weitaus fundierter als das Negative. Von daher: Ja, die Geldanlage in Kryptowährungen ist machbar

---

[40] Walsh, D.: *Kryptowährungen – Mehr als nur die Bitcoin*, 2018.
[41] https://www.kryptovergleich.org/uberblick-rendi-ten-von-kryptowahrungen-im-letzten-jahr/

und kann sogar als sinnvoll bezeichnet werden. Und: Nein, die Geldanlage in Kryptowährungen ist kein Irrsinn, solange nicht existenzgefährdende Summen investiert werden oder Daytrading betrieben wird. Also gilt wie üblich bei Geldanlagen: Langfristig, geduldig und ohne täglichen Blick ins Portfolio.

Abschließendes Knowhow zur Geldanlage in Kryptowährungen

Mining in Deutschland sein lassen

Das Errechnen der Kryptowährungen ist eine Variante der Geldanlage. Aufgrund der Stromkosten ist das Mining in Deutschland im Vergleich zu den meisten anderen Staaten weltweit mit am teuersten. Was sich beim Mining als Hauptproblem erweist, sind allerdings nicht einmal die Stromkosten. Diese sind in Anbetracht der zu erwartenden Rendite das geringste Problem. Das Hauptproblem sind die Anschaffungskosten für die Hardware. Sie erinnern sich womöglich noch an die Übersicht über die fürs Mining notwendige Hardware aus diesem Kapitel: Grafikkarten, Kühlung, Räumlichkeiten und das Motherboard fallen am stärksten ins Gewicht, da sie in hoher Qualität benötigt werden. Dabei liegt die Betonung auf Grafikkart**en**; also in der Mehrzahl. Sie können für eine gute Grafikkarte 500 € einkalkulieren. Mindestens drei Grafikkarten sind empfohlen, mit Blick auf die künftig immer kompliziertere und langwierigere Errechnung der Coins bei den populären Währungen sind eher fünf Grafikkarten die richtige Menge. Die Räumlichkeiten sollten kühl sein und reichlich Stromanschlüsse bieten. Zudem muss die teure Hardware dort sicher sein. Im eigenen Keller ist dies meistens nicht der Fall. Somit ist für gewöhnlich eine separate Anmietung von Räumlichkeiten erforderlich.

Hinweis!

Eine Anmietung von Räumlichkeiten wird häufig aufgrund der Lautstärke erforderlich. Die Rechenarbeit der Hardware verursacht einen für Mietwohnungen zu hohen Lautstärkepegel. Dem Gesetz zufolge ist es Vermietern gestattet, bei regelmäßig hohen Lautstärkepegeln den Mietern die Wohnung zu kündigen, sofern sich die anderen Mieter beschweren.

Letzten Endes sind beim Mining die hohen laufenden Kosten nicht dem Stromverbrauch, sondern den erforderlichen Räumlichkeiten geschuldet. Die Hardware verursacht darüber hinaus hohe Anschaffungskosten. Die mehreren Tausend Euro, die anfangs für die Ausstattung anfallen, stellen ein den Kryptowährungen nach heutigem Stand (Januar 2020) unangemessen hohes Risiko dar. Es ergibt sich, dass die Geldanlage in Kryptowährungen durch den Kauf von Währungseinheiten und die Spekulation auf einen Anstieg des Kursverlaufs am sichersten und empfehlenswertesten ist, nicht jedoch die persönliche Errechnung von Coins.

Die verschiedenen Coins verstehen und vergleichen

Alle Welt redet von den führenden Kryptowährungen – Bitcoin, Ethereum, Ripple, Bitcoin Cash und weiteren. Dies betrifft sogar die, laut eigener Aussage, „professionellen" Anleger. Doch Tatsache ist, dass es in der Landschaft der Kryptowährungen kaum professionelle Anleger gibt. Ein Großteil der Personen sind Trader, die mit Hebeln hochspekulativ agieren und für wöchentliche oder gar tägliche

Schwankungen in zweistelliger Prozenthöhe bei den Kursen der Kryptowährungen sorgen. Sie haben mit Ihrem Knowhow aus diesem Ratgeber jedoch die Gelegenheit, ein professioneller Anleger zu werden!

Auf der Website *Coinmarketcap*[42] finden Sie ein Verzeichnis der 100 populärsten Kryptowährungen. Dort werden zahlreiche Kennzahlen aufgeführt:

* Preis (pro Coin/Währungseinheit)
* Kursveränderung
* Marktkapitalisierung
* Im Umlauf befindliche Coins
* Gehandeltes Volumen (in den letzten 24 Stunden)
* Kursverlauf (der letzten sieben Tage)

Dies sind bereits einige Kennzahlen, mit denen Sie Analysen durchführen können. Sehen Sie aufgrund der hohen Kursschwankungen von Analysen des Charts und somit Trendanalysen ab. Beschränken Sie sich bei Kryptowährungen lediglich auf eine langfristige Anlage, wie Sie es bereits in diesem Kapitel gelernt haben. Informieren Sie sich dabei genau darüber, welches Projekt hinter der jeweiligen Kryptowährung steht. Ethereum punktet mit einem umfassenden Vertragsmanagement, Ripple steht für eine enorme Transaktionsgeschwindigkeit und bei Monero ist eine umfangreichere Anonymität Gesetz. Dazu kommen noch die umweltfreundlichen Altcoins (Alternative Coins; zu Deutsch: Alternative Währungen). Entscheiden Sie sich dafür, welchem Projekt hinter einer Kryptowährung Sie ein besonders großes Zukunftspotenzial zusprechen.

---

[42] https://www.wired.co.uk/article/bitcoin-lost-newport-land-fill

Nicht nach verschollenen Bitcoins auf Müllhalden suchen!

Dieser letzte Tipp ist viel weniger ein ernstgemeinter Ratschlag für die Geldanlage in Bitcoin denn eine Mahnung dafür, „Erarbeitetes" nie wegzuwerfen: Es geht um James Howells; den Mann, der über 100 Millionen US-Dollar im Müll verlor[43].

Die Geschichte beginnt im Jahr 2009, als er eine Festplatte in den Müll wirft, auf der sich 7.500 Bitcoins befinden. Im Dezember 2017 hatten diese Coins einen Wert von mehr als 100 Millionen US-Dollar. Doch 2009, als Howells die Bitcoins mit einem gewöhnlichen PC in seiner Heimat in Wales errechnete, waren diese Coins nicht mal mehrere Hundert US-Dollar wert. Allem voran wollte sie niemand kaufen. So landeten sie in seinem Müll. Von dort aus wanderten sie weiter auf eine Müllhalde im walisischen Newport. Bereits 2013 hatten die Währungseinheiten, die auf der Festplatte waren, einen Wert von mehreren Millionen US-Dollar. Howells ging auf die Müllhalde, um dort mit einer Schaufel nach der Festplatte zu graben. Aber er wurde zurückgewiesen. Der Stadtrat von Newport verweigert ihm jedoch bis heute, obwohl der Wert der Bitcoins noch weiter gestiegen ist, die Suche nach den Coins. Obwohl Howells angesichts des hohen Werts der Coins sogar Investoren zum Umgraben der Müllkippe gefunden hat und Newport finanziell beteiligen möchte, lehnt der Stadtrat ab: Giftige Gase und Witterungsbedingungen hätten die Festplatte aller Voraussicht nach geschädigt und ein Wiederaufrufen der Daten unmöglich gemacht[44].

---

[43] http://www.spiegel.de/wirtschaft/james-howells-der-mann-der-100-millionen-dollar-im-muell-sucht-a-1184783-amp.html

[44] https://www.wired.co.uk/article/bitcoin-lost-newport-landfill

112

Nachdem diese Geschichte der breiten Öffentlichkeit bekannt wurde, versammelten sich tatsächlich Personen um die Müllhalde, die mit Schaufeln selbst ihr Glück versuchen und Howells zuvorkommen wollten. Doch der Stadtrat ergriff Maßnahmen dagegen. Also gilt: Graben Sie in Newport nicht nach Bitcoins. Neben dieser Lehre ist jedoch viel wichtiger zu begreifen, dass im Leben nichts zu früh abgeschrieben werden darf: Insbesondere junge Personen könnten bei den verschiedensten Dingen dazu neigen, frühzeitig die Hoffnung in eine Sache aufzugeben. Doch das, was erarbeitet wurde, sollte aufbewahrt werden. Dies gilt insbesondere für solch etwas kleines wie Festplatten. Tipp: Handelt es sich um HDD-Festplatten, dann lagern Sie diese immer vorsichtig. Im Gegensatz zur Alternative SSD-Festplatten sind die HDDs nämlich äußerst empfindlich.

Zusammenfassung

Bevor über Kryptowährungen geurteilt wird, muss verstanden werden, wofür sie stehen: Anonymität, Transaktionsbeschleunigung und Dezentralisierung, um nur einige wichtige Punkte zu nennen. Ein Blick auf die Blockchain und das Netzwerk verschafft Klarheit darüber, wie die Kryptowährungen diesen Anforderungen und Hoffnungen gerecht werden. Da aufgrund der zunehmenden Kontrolle durch den Staat und die schon lange bestehenden Defizite bei der Geschwindigkeit der weltweiten Überweisungen all diese Aspekte an Relevanz gewinnen, lässt sich Kryptowährungen eine Zukunftsberechtigung nicht klar absprechen. Ebenso darf die Geldanlage in Kryptowährungen nicht pauschal verteufelt werden. Zweifellos wirkt die sogar wöchentliche Volatilität der Kurse bei Kryptowährungen abschreckend, doch ein Blick auf die Performances in den letzten Jahren insgesamt schürt positive Erwartungen. Die Kryptowährungen konnten sich auch nach starken Kursverfallen bewähren und verzeichneten seitdem größtenteils ein konstantes gewinnbringendes Wachstum. Wird langfristig angelegt, dann darf durchaus ein insgesamt kleiner Beitrag von um die 1.000 € (je nachdem, wie umfangreich die eigenen Möglichkeiten sind und die Sympathie für Kryptowährungen ausfällt) in Kryptowährungen investiert werden. Denn sollten die Kryptowährungen in Zukunft die Rolle einnehmen, die ihnen prognostiziert wird – nämlich die einer etablierten Alternative zum Fiatgeld –, dann wird bereits dieser kleine Beitrag aller Wahrscheinlichkeit nach eine beachtliche Rendite erzielen.

Altersvorsorgeverträge: Geächtet und angeprangert, aber mit Daseinsberechtigungen!

Zwar sind die meisten Versicherungen auf dem Markt sinnvoll, doch wird der Großteil nur dann abgeschlossen, wenn sie wirklich verpflichtend sind. Freiwillige Verträge werden meistens vor Ablauf gekündigt. Der Beruf des Versicherungsvermittlers verkommt in einigen Gesellschaftskreisen fast schon zu dem des „Versicherungs*andrehers*". Dieses Kapitel aber dreht Ihnen nichts an, sondern informiert Sie. Es informiert Sie über die möglichen Altersvorsorgeverträge, die in vielen Fällen sogar Sinn machen, flexibel sind und gute Renditen in Aussicht stellen.

Welche Altersvorsorgeverträge bringen es überhaupt noch?

Skepsis ist beim Thema Altersvorsorgeverträge durchaus berechtigt, da nicht jedes Produkt auf dem Markt zu überzeugen weiß. Dabei ist im Grunde genommen genau dieselbe Herausforderung gegeben, wie bei der Frage: Sparbuch oder Wertpapiere?

Wieso spielt denn dieselbe Frage auch eine Rolle bei der Altersvorsorge?

Weil es analog zum Sparbuch garantieverzinste Rentenversicherungen und analog zu Wertpapieren fondsgebundene Rentenversicherungen gibt! Dies bedeutet, dass sich die Probleme, Vor- und Nachteile, Chancen sowie Risiken in vielerlei Hinsicht ähneln. Dabei weisen die garantiever-

115

zinsten Altersvorsorgeverträge wie das Sparbuch geringe Zinsen auf, wenngleich die Zinsen bei sämtlichen Versicherern höher als auf dem Sparbuch ausfallen. Dennoch liegen sie knapp unterhalb eines Prozents. Dies genügt bei weitem nicht, um die Inflation auszugleichen. Garantieverzinste Altersvorsorgeverträge haben allerdings einen großen Vorteil, den das Sparbuch nicht hat: Die Überschussbeteiligung.

Bei der Überschussbeteiligung handelt es sich um Ihre jährliche Beteiligung an dem Gewinn, den die Versicherungsgesellschaft mit Ihrem angelegten Geld erwirtschaftet. Im VVG (Versicherungsvertragsgesetz) ist unter dem §153 vermerkt[45], dass ermittelt werden muss, welcher Anteil des Jahresüberschusses auf das Kapital des Versicherten entfällt. In einem vertraglich festgelegten und am angelegten Kapital orientierten Anteil wird dem Versicherten eine jährliche Überschussbeteiligung in Form einer Überweisung oder Gutschrift ausgezahlt. Sollte mit dem Geld des Anlegers kein Gewinn erwirtschaftet worden sein, dann entfällt die Überschussbeteiligung.

Garantieverzinste Altersvorsorgeverträge haben also im Regelfall ein höheres Potenzial als das Sparbuch. Dies ist einerseits dem höheren Zins zu verdanken, andererseits der Überschussbeteiligung, die einmal im Jahr ausgezahlt wird, falls der Versicherer durch das angelegte Geld einen Gewinn erwirtschaftet hat. Nichtsdestotrotz entsteht in den seltensten Fällen eine jährliche Rendite oberhalb eines Prozents. In Anbetracht dessen, dass die Inflation im Normalfall bei 2 % im Jahr liegt, ergibt das – wie beim Sparbuch – einen realen Wertverlust des angelegten Geldes. Dass die Inflation in den letzten Jahren geringer war, als von den Regierungen anvisiert wird, ist kein Geheimnis. Dennoch lag

---

[45] https://dejure.org/gesetze/VVG/153.html

sie bei mehr als einem Prozent, wie ein Blick auf die historische Inflation pro Jahr im letzten Jahrzehnt zeigt:

Jahr	Inflationsrate
2010	1,31 %
2011	1,98 %
2012	2,04 %
2013	1,43 %
2014	0,19 %
2015	0,17 %
2016	1,50 %
2017	1,38 %
2018	1,56 %
2019	1,54 %

Quelle: de.inflation.eu[46]

Also sind garantieverzinste Altersvorsorgeverträge kein Mehrwert für die Massen. Extrem sicherheitsorientierte Sparer finden hierin eine passable Lösung, um das Geld besser als auf dem Bankkonto, Sparbuch oder Tagesgeldkonto anzulegen. Zudem ist eine im Versicherungsvertrag festgelegte Rentenhöhe bis ans Lebensende nach dem Renteneintritt garantiert. Je nach Vertrag, lässt sich der gesamte angesparte Betrag auch auf einmal auszahlen. Flexibilität vor dem Renteneintritt und Sicherheit sind also gegeben. Wer diese Aspekte als absolut wichtig empfindet, findet in einem garantieverzinsten Altersvorsorgevertrag die ideale Lösung für sich persönlich. Doch ein Vermögen aufzubauen, welches konstant wächst und auf die Sparbeträge entfal-

---

[46] https://de.inflation.eu/inflationsraten/deutschland/historische-inflation/vpi-inflation-deutschland.aspx

lende Renditen von fünf bis 20 % einbringt – davon kann hier nicht die Rede sein. Dafür aber stellen andere Arten von Altersvorsorgeverträgen lukrative Renditen in Aussicht oder punkten zumindest mit einer staatlichen Förderung.

Staatlich geförderte Altersvorsorge

Zunächst sei erwähnt, was „staatlich gefördert" im Kontext der privaten Altersvorsorge überhaupt bedeutet: Zum einen kann eine staatliche Förderung zur Folge haben, dass die Einzahlungen in die private Altersvorsorge steuerlich absetzbar sind. Zum anderen sind direkte Zulagen des Staates möglich. Die folgenden drei staatlich geförderten Altersvorsorgemodelle werden für einen grundlegenden Überblick in Kürze vorgestellt und im weiteren Verlauf dieses Kapitels ausführlicher erläutert. Von den nicht staatlich geförderten Produkten wird in diesem Kapitel abgesehen, da diese keinen Sinn ergeben. Sie liefern einige wenige Freiheiten mehr, bieten dafür aber keine bedeutenden finanziellen Vorteile, wie es die staatlich geförderten Altersvorsorgeverträge tun.

Den staatlich geförderten Altersvorsorgemodellen ist die Riester-Rente zuzuordnen. Es handelt sich um eine optimale Vorsorge für Familien mit Kindern, Geringverdiener und gut verdienende Singles. Die Riester-Rente verschafft Steuervorteile während der Phase der Einzahlung und stellt zudem staatliche Zulagen in Aussicht. Für gut verdienende Singles sind die Steuervorteile das Pro-Argument für eine Riester-Rente, für Geringverdiener und Familien mit Kindern sind die Zulagen die zentralen Vorteile.

Neben der Riester-Rente existiert unter den staatlich geförderten Renten die Rürup. Sie wird vereinzelt als Pendant der Riester-Rente speziell für Selbstständige bezeichnet. Einer genauen Betrachtung hält diese These nicht stand, da die Rürup-Rente an mehreren Stellen elementare Unterschiede zur Riester-Rente aufweist. Beispielsweise ist eine Kündigung des Vertrages und ein Rückkauf durch den Versicherer nicht möglich. Möchte eine Person nicht mehr einzahlen, dann friert sie die Rürup-Rente ein und wartet, bis mit Eintritt des Rentenalters die Versicherungsbeiträge ausgezahlt werden. Die Rürup-Rente ist für Selbstständige auf der Suche nach einer Alternative zur Gesetzlichen Rentenversicherung aufgrund der Steuervorteile und der zusätzlichen Absicherung ein geeignetes Modell. Angestellte wiederum kommen nur selten bei der Rürup-Versicherung zu einem Mehrwert.

Hinweis!

Die Riester- und Rürup-Rente lassen sich per se nicht als schlecht bezeichnen. Beide Altersvorsorgen können gut und schlecht sein, was mit der jeweiligen Personengruppe oder Person variiert. In der Vergangenheit gab es das Problem einer mangelhaften Aufklärung in der Bevölkerung und das Problem ist nach wie vor existent, wenn auch leicht gemindert. Personen schlossen und schließen die Altersvorsorgen ab, ohne genau über den Nutzen informiert zu sein. Es kommt dazu, dass vermehrt Personen eine Riester- oder Rürup-Rente abschließen, denen sie gar nichts bringt. So fällt negatives Licht auf beide Altersvorsorgen, was die öffentliche Wahrnehmung zu Unrecht verzerrt. Begegnen Sie deswegen im Folgenden beiden Altersvorsorgemodellen unvoreingenommen, um den persönlichen Nutzen angemessen beurteilen zu können.

Eine weitere staatlich geförderte Altersvorsorge ist die betriebliche Altersvorsorge. Sie wird mit baV abgekürzt und hat nichts mit der früher vorhandenen betrieblichen Altersversorgung gemeinsam. Auf den Unterschied wird im weiteren Verlauf des Kapitels noch eingegangen. Es existieren heutzutage verschiedene Modelle, die baV zu gestalten. Eines besteht darin, dass der Arbeitgeber die kompletten

Einzahlungen übernimmt. Dies ist eine Seltenheit. Vielmehr ist einer der folgenden beiden Wege üblich: Der Arbeitgeber übernimmt einen Teil der Einzahlungen und entlastet den Arbeitnehmer **oder** der Arbeitnehmer selbst übernimmt im Rahmen der Entgeltumwandlung die kompletten Einzahlungen in die baV. Die Entgeltumwandlung verschafft in Zeiten der Einzahlung geringere Steuerzahlungen, da durch diese Umwandlung der Verdienst gemindert wird. Die baV lässt sich auf fünf verschiedenen Wegen durchführen[47]:

- Direktversicherung
- Pensionskasse
- Pensionsfonds
- Direktzusage
- Unterstützungskasse

Eine betriebliche Altersvorsorge ist nur für Angestellte möglich. Zudem hat nicht jedes Unternehmen ein entsprechendes Angebot. Wird keine betriebliche Altersvorsorge zur Verfügung gestellt, dann müssen Sie auf andere Vorsorgemodelle zurückgreifen.

Fondsgebundene Altersvorsorge

Bei der fondsgebundenen Altersvorsorge wird das Geld nicht zu einem festen Zinssatz angelegt, sondern es wird in Aktienfonds investiert, die die Versicherungsgesellschaft managt oder zumindest zusammenstellt. Dies bedeutet, dass im Grundlegenden Verhältnisse wie bei der Geldanlage in Wertpapiere existieren: Der Kursverlauf der Wertpapiere entscheidet darüber, wie hoch die Rendite ausfällt. Zudem gibt es keine Sicherheiten, da das angelegte Geld den Launen des Marktes ausgesetzt ist. Des Weiteren fehlen Rentenga-

---

[47] https://alterix.de/recht-finanzen/altersvorsorge/die-verschiedene-altersvorsorgemodelle-im-überblick-1089.html

rantien; somit ist das Risiko höher. Einige Versicherungsgesellschaften lassen sich zu einer vertraglich zugesicherten monatlichen Mindestrente erweichen. Allerdings handelt es sich hierbei um Ausnahmen und die Rentenzusicherungen fallen mau aus.

In Bezug auf die individuellen Spielräume unterscheidet sich die fondsgebundene Altersvorsorge vom Wertpapierhandel: Sie können nicht wie bei einem eigenen Aktienportfolio das Zepter selbst in die Hand nehmen und nach eigenem Geschmack Anpassungen an der Zusammensetzung des Portfolios durchführen. Über das investierte Geld verfügt die Versicherungsgesellschaft nach Belieben. Eine fondsgebundene Altersvorsorge ist die Alternative zur festverzinslichen Altersvorsorge. Alle staatlich geförderten und nicht geförderten Altersvorsorgen basieren entweder auf einer festverzinslichen oder einer fondsgebundenen Altersvorsorge:

- Es gibt die Riester-Rente fest verzinst und fondsgebunden.
- Auch die Rürup-Rente lässt sich fest verzinst und fondsgebunden abschließen.
- Bei der baV hängt die Wahl des Versicherers und der Altersvorsorge unter Umständen von dem Unternehmen ab, bei dem Sie angestellt sind; entweder ist das Produkt fest verzinst oder fondsgebunden.
- Die staatlich nicht geförderte Altersvorsorge fällt aus dem Raster der Riester- und Rürup-Rente sowie baV hinaus und bietet mehr Freiheiten; auch sie ist fest verzinst und fondsgebunden erhältlich.

Somit bildet, wie sich zeigte, die Frage „Festverzinslich oder fondsgebunden?" das Grundgerüst einer jeden Altersvorsorge. Dieser Frage widmen wir uns nun zuerst, ehe wir uns genauer mit den einzelnen Vorsorge-Arten – Riester, Rürup und baV – befassen.

Die besten festverzinslichen und fondsgebundenen Altersvorsorge-Verträge

Das Lebensversicherungsreformgesetz definiert einen Höchstrechnungszins. Dieser Zins ist für Versicherer die Obergrenze für Zinsen bei festverzinslichen Altersvorsorge-Verträgen. Aktuell (Stand: Januar 2020) liegt er bei 0,9 %[48]. Versicherern steht es frei, weniger als diesen garantierten Zins zu bieten, aber in keinem Fall darf der Zins höher ausfallen. Dies bedeutet, dass bereits gesetzlich feste Grenzen definiert sind, die den festverzinslichen Altersvorsorge-Verträgen jegliche Lukrativität nehmen. Zwar kommt noch die Überschussbeteiligung hinzu, doch von einer positiven Rendite kann bei Einbezug der Inflation nicht die Rede sein. Es wird rund um den Höchstrechnungszins in der Zukunft mutmaßlich nicht besser: Die Deutsche Aktuarvereinigung (DAV) schlägt dem Bundesfinanzministerium laut Aussage des Vorstandsvorsitzenden Guido Bader[49] sogar noch einen geringeren Höchstrechnungszins für Neuverträge ab dem 1. Januar 2021 vor: 0,5 %. Früher – um die Jahrtausendwende herum – waren es noch vier Prozent Zinsen, die Kunden erhielten. Angesichts dieser Sachlage lässt sich sagen: Nach den besten Altersvorsorge-Verträgen mit Garantiezinsen Ausschau zu halten, macht so gut wie keinen Sinn; es sei denn, man ist auf Sicherheit bedacht. Aber allem voran im jungen Alter darf es etwas Risiko sein. Während eine Person zu Beginn des 40. oder 50. Lebensjahres kaum noch Zeit

---

[48] https://www.wiwo.de/finanzen/vorsorge/altersvorsorge-garantiezins-fuer-lebensversicherungen-koennte-weiter-sinken/25317760.html
[49] https://www.wiwo.de/finanzen/vorsorge/altersvorsorge-garantiezins-fuer-lebensversicherungen-koennte-weiter-sinken/25317760.html

hat, fürs Alter vorzusorgen und Verluste aus Risiken schwer wiegen können, ist dies im jüngeren Alter von unter 35 Jahren anders: Tritt hier ein mäßiges oder gar negatives Jahrzehnt an der Börse ein, dann besteht in den folgenden Jahrzehnten noch genug Spielraum, um die Verluste auszugleichen und eine aller Voraussicht nach beachtliche Rendite einzufahren. Dementsprechend sind festverzinsliche Altersvorsorge-Verträge wirklich **nur** für die Personen, die komplett auf Sicherheit bedacht und bereits älter sind. Leser dieses Buches werden aber höchstwahrscheinlich jung sein. Hier empfiehlt sich unter keinen Umständen eine Anlage in einen festverzinslichen Altersvorsorgevertrag. Sollten Sie dennoch auf einem solchen Produkt bestehen oder neugierig sein, dann finden Sie bei nahezu jedem Versicherer diese Auslaufmodelle der Altersvorsorge vor. Von einem Abschluss werden Ihnen selbst die Versicherer abraten und versuchen, Sie zu fondsgebundenen Vorsorgen zu überreden – dies ist voll im Interesse des Mandanten und auch richtig so! Achten Sie, falls Sie sich dennoch für die Garantiezins-Produkte entscheiden, auf die folgenden Aspekte:

- Laufzeit bis zum Renteneintritt: Endet der Vertrag vor dem Renteneintritt und es kommt zur Auszahlung, erhöht dies Ihr Einkommen und somit die Steuerlast – tendenziell beträchtlich!
- Höchstrechnungszins im Angebot: Die Versicherer profitieren ohnehin, also sollten sie Ihnen gegenüber zumindest die Güte zeigen, die vollen 0,9 % Garantiezins im Vertrag zuzusichern.
- Inflationsanpassung: Die Inflationsanpassung steigert Ihren monatlich eingezahlten Beitrag jährlich um einen pauschalen Prozentsatz, der gleich der Inflation ist.

123

Zwar kostet die Inflationsanpassung Sie mit jedem Jahr monatlich mehr, doch die Steigerungen sind minimal. Wenn Sie die Inflationsanpassung weglassen, dann hat Ihr monatlicher Sparbetrag im Vorsorge-Vertrag nach einigen Jahrzehnten kaum noch einen bedeutenden Wert und spiegelt keine adäquate Altersvorsorge wider.

Versicherer, die all diese Voraussetzungen erfüllen, gibt es zur Genüge in lokalen Niederlassungen. Betreten Sie drei verschiedene Niederlassungen von Versicherern und Sie werden ein – den Umständen der schlechten Zinsen entsprechend – gutes Angebot erhalten. Alternativ lassen sich Angebote übers Internet einholen. Der Versicherer *EUROPA* hat ein faires Angebot, welches durch eine hohe Flexibilität besticht und den höchstmöglichen Zins in Höhe von 0,9 % zusichert.

Die große Empfehlung ist stets die fondgebundene Altersvorsorge; zumindest solange, bis die zugesicherten Zinsen für die festverzinsliche Vorsorge nicht auf mindestens 4 % hochgeschraubt werden. Dies ist in naher Zukunft unwahrscheinlich.

Zwischenfazit

❖ Ein festverzinslicher Altersvorsorgevertrag sollte zumindest den Garantiezins von 0,9 % aufweisen. Inflationsanpassungen und insbesondere eine Laufzeit bis zum Renteneintritt sind weitere wichtige Merkmale.

❖ Insgesamt ist von festverzinslichen Produkten abzuraten. Die geringe Rendite wird durch die Sicherheit nicht gerechtfertigt.

Bereits im Jahr 2017 war die Überlegenheit fondsgebundener Altersvorsorgeverträge hinsichtlich der möglichen Renditechancen und beherrschbaren Sicherheit ein beliebtes Thema. Auf der Website von *Pfefferminzia* lassen sich diesbezüglich interessante Aussagen und Fakten aus Ausführungen des Sprechers des Deutschen Aktieninstituts für Altersvorsorge (DIA), Klaus Morgenstern, herausfiltern:

- Hätte eine Person Monat für Monat 50 € über einen Zeitraum von 30 Jahren in die 30 Aktien des DAX investiert, dann wären aus einem Gesamtbeitrag von 18.000 € in dieser Zeit 96.000 € geworden. Dies bedeutet eine Rendite von 9,6 %.
- Sollte die schlechteste 30-Jahre-Periode erwischt worden sein – diese war von Februar 1979 bis Februar 2009 – dann wären aus den insgesamt eingezahlten 18.000 € immerhin 51.000 € geworden. Dies hätte eine Rendite von 6,2 % zur Folge gehabt.
- Im besten Zeitraum von Januar 1970 bis Januar 2000 wären aus dem investierten Kapital 211.000 € geworden. Dies hätte eine traumhafte Rendite von 13,6 % zur Folge gehabt!

Quelle: pfefferminzia.de[50]

Der erste Rendite in der Aufzählung (9,6 %) war der Durchschnitt aus der Auswertung von 240 verschiedenen Sparplänen, die allesamt auf der Geldanlage in Aktien basierten. Diese Untersuchung wurde nicht im Rahmen fondsgebundener Altersvorsorge-Verträge vorgenommen, sondern im Rahmen eines Vergleichs von Aktien mit festverzinslichen Wertpapieren zur Altersvorsorge. Dennoch sind die Zahlen eindeutig und eine private Rentenversicherung, die an die Performance von Fonds gebunden ist, empfiehlt

---

[50] https://www.pfefferminzia.de/rechenbeispiel-altersvorsorge-mit-aktien-schlaegt-festverzinsliche-wertpapiere//2/

sich voll und ganz. Sie knüpft an die aus 2017 geschilderten Zahlen in der obigen Aufzählung an. Während 2017 die Skepsis noch groß war, hält in Deutschland eine zunehmende Zuwendung zu fondsgebundenen Altersvorsorge-Verträgen Einzug. Die Versicherer erweitern ihre Produktpalette um entsprechende Produkte. Mittlerweile bilden fondsgebundene Altersvorsorgen den Großteil des Angebots von Versicherern ab, da auch die Nachfrage in der Bevölkerung steigt. Ehe wie im Falle der gesetzlichen Rentenversicherung erneut auf ein gesichertes, aber vergleichsweise mickriges Einkommen im Alter gesetzt wird, gehen Personen bevorzugt ins (nachweislich) geringe Risiko mit den fondsgebundenen Altersvorsorgen.

Sie als Versicherter profitieren dabei neben der hohen möglichen Rendite von einer guten Beherrschbarkeit des Marktes. Börsenschwankungen hin oder her – auf lange Sicht wächst die Wirtschaft. Während bei Aktien die Versuchung, auf fallende Kurse spontan mit einem Verkauf zu reagieren, noch groß ist, wird Ihnen dieser Reiz bei einer fondsgebundenen Altersvorsorge abgenommen. Denn Sie managen das Portfolio nicht selbst, sondern lassen es managen. Depotgebühren und die einzelnen Orders samt ihren Gebühren entfallen, da Sie selbst kein Depot unterhalten. Gebühren gibt es zwar, allerdings ist es mit den Ausgabeaufschlägen bei der Einzahlung Ihrer Beiträge in den Vertrag lediglich ein Posten für den Kauf der Fonds. Die Ausgabeaufschläge sind sozusagen der Ersatz für die Order-Gebühren. Anderweitige Kostenfaktoren sind die Abschlusskosten bei der Versicherung und einige variable Posten. Dies ist bei jedem Versicherer anders. Im Idealfall fordern Sie eine Übersicht über sämtliche Kosten an.

Sie profitieren von den fondsgebundenen Altersvorsorge-Verträgen insbesondere dann, wenn Sie selbst mit dem Aktienmarkt wenig in Berührung sind und sich auch nach dem ersten Kapitel mit diesem nicht identifizieren, aber dessen Vorteile mitnehmen möchten. Dann schließen Sie einfach einen Vertrag ab und lassen diesen über mehrere Jahrzehnte laufen.

An dieser Stelle wird es wesentlich kniffliger als bei den festverzinslichen Verträgen: Während Sie bei den festverzinslichen Verträgen primär darauf achten, wie hoch der Garantiezins ausfällt, müssen Sie bei den fondsgebundenen Altersvorsorge-Verträgen auf die Zusammensetzung des Fonds achten. Da bringen die Renditeschätzungen der Versicherungsgesellschaften herzlich wenig und beschönigen eher die Qualität des Fonds anhand irgendwelcher kryptischen Hochrechnungen. Im Idealfall setzen Sie sich mit einem freien Versicherungsmakler in Verbindung. „Frei" bedeutet, dass dieser weder für die *Allianz* noch für *ERGO* oder irgendeine andere Versicherungsgesellschaft arbeitet. Er ist unabhängig und kann den gesamten Markt überblicken. So liefert er Ihnen einen objektiven Service. Im Rahmen diesen Services wird er Ihnen die attraktivsten Angebote zur Verfügung stellen – geringe Kosten, möglichst gute Renditeaussichten! Sie finden entsprechende Versicherungsmakler im Internet, wenn Sie nach unabhängigen Versicherungsmaklern suchen. Alternativ können Sie sich in einzelnen Versicherungsgesellschaften umsehen.

Am kostengünstigsten und sichersten sind – wie bereits beim Wertpapierinvestment – ETFs. Somit sind fondsgebundene Altersvorsorgeverträge, die mit ETFs arbeiten, relativ sicher und zugleich kostenarm. Der Großteil der Anbieter arbeitet mit einzelnen ETFs, die der Versicherte auswählen kann. Auch die Zusammenstellung eines eigenen Portfolios unter Anleitung ist bedingt möglich. Neben dem ETF-Angebot werden von Versicherungsgesellschaften selbst gemanagte Fonds mit einer Vielzahl einzelner Aktien angeboten. Im umfassenden Vergleich sind diese Produkte allerdings den ETF-Angeboten unterlegen.

Sie wissen nun, was zu tun und wie zu wählen ist. Da es zu den festverzinslichen Altersvorsorgen bereits eine Empfehlung gab, gibt es nun auch zu den fondsgebundenen Altersvorsorgen eine Gesellschaft als Empfehlung: *Swiss Life*.

Die hiesigen ETF-basierten Altersvorsorgen erhalten gute Bewertungen und überzeugen mit einer schier unermesslichen Auswahl. Auf der Webseite des Anbieters über die Versicherungsinformationen[51] erhalten Sie einen präzisen Einblick in die Portfolios und Performances. Das Produkt *Swiss Life Investo Komfort* überzeugt besonders durch eine diversifizierte Aufstellung des Portfolios mit einem ETF auf den MSCI-World-Index, einem ETF auf den MSCI-Emerging-Markets-Index und drei weiteren ETFs. Es ist eine Zusammenstellung wie aus dem Bilderbuch bzw. wie im ersten Kapitel dieses Ratgebers zur Portfoliozusammenstellung bereits vermittelt.

Zwischenfazit

❖ Lassen Sie sich am besten von einem unabhängigen Versicherungsmakler bezüglich der fondsgebundenen Altersvorsorgen mit den besten Konditionen beraten. Ein solcher Makler hat den gesamten Markt im Überblick.

❖ Nehmen Sie die Angebote der Versicherungsgesellschaften auch selbst genauestens unter die Lupe: Halten Sie nach den geringsten Kosten Ausschau.

❖ Unter den Angeboten mit den geringsten Kosten wählen Sie einen Anbieter, der Altersvorsorgen auf Basis von ETFs anbietet; hier bringt sich *Swiss Life* vielversprechend in Stellung.

---

[51] https://firmenkunden.swisslife.de/service/versicherungsinformationen/fonds.html

128

Insbesondere im jungen Alter – allem voran ab dem 20. bis zum 35. Lebensjahr – spricht nahezu nichts gegen fondsgebundene Altersvorsorgen. Gehen Sie ein Stück weit ins „Risiko" und Sie werden mit allerhöchster Wahrscheinlichkeit bei kompletter Laufzeit des Vertrags mit guten Renditen belohnt. Bei einem solchen Vertrag sind wie bereits bei festverzinslichen Verträgen die Inflationsanpassungen und eine Laufzeit bis zum Rentenalter wichtige Kriterien, um den Mehrwert voll zu erfassen.

Riester-Rente auf einen Blick

Die Gesetzliche Rentenversicherung hat bereits viele Reformen durchgemacht. Dabei standen im Laufe der letzten 20 Jahre stets für die Bevölkerung nachteilige Reformen zubuche. Mit ihnen wurde auf den demografischen Wandel reagiert, der ein Rentensystem, wie es bis dato etabliert war, immer mehr erschwerte und dies auch nach wie vor tut. Eine Reform führte letzten Endes zu der Einführung der Riester-Rente: Es war die Reform aus dem Jahr 2001, die die Senkung des Rentenniveaus von 70 auf 67 % des Durchschnittseinkommens bis 2030 zur Folge hat[52]. Der Beitragssatz blieb dennoch gleich bei damals 20 %. Der Startschuss für einen Ausgleich der Senkung war gegeben: Diesen Ausgleich übernahm die Riester-Rente als eine kapitalgedeckte Form der privaten Altersvorsorge.

„Kapitalgedeckt" bedeutet, dass die künftigen Rentenzahlungen nicht anhand des Umlageverfahrens, wie es bei der Gesetzlichen Rentenversicherung der Fall ist, bemessen werden, sondern anhand des eingezahlten Kapitals. Attraktiv

---

[52] https://www.stern.de/familie/rente-die-wichtigsten-reformen-seit-1957-3223096.html

129

ist diese Form der Rentenversicherung gleich aus mehreren Gründen[53]:

- Zulagen durch den Staat
- Steuerliche Absetzbarkeit
- Schonvermögen: Schutz vor Pfändung und Insolvenz
- Garantierte Auszahlung der Sparbeiträge
- Berufseinsteiger erhalten Boni

Auf der Seite der Nachteile wiederum stehen teure Abschluss- und Kündigungskosten des Vertrages. Aber immerhin lässt er sich mit einer Rückzahlung des Großteils der angesparten Beiträge überhaupt kündigen, was beispielsweise bei der Rürup-Rente nicht der Fall ist. Hier sind die eingezahlten Beiträge bis zur Rentenzeit im Vertrag gebunden. Ein weiterer Nachteil der Riester-Rente ist die eingeschränkte Vererbbarkeit. Im Falle des eigenen Ablebens vor der Rente werden die bisherigen Einzahlungen zwar an die Erben ausgezahlt, allerdings nur ohne die Steuerbegünstigungen und die staatlichen Zulagen. Zu Lebzeiten lassen sich die bisher getätigten Einzahlungen nur an den Ehepartner übertragen, sofern dieser ebenfalls einen Riester-Vertrag hat. Des Weiteren wird bei einer Riester-Rente davon ausgegangen, dass die jeweilige Person ein gewisses Alter erreicht: Von 82 Jahren ist die Rede, damit sich die eingezahlten Beträge lohnen.

Angesichts der hohen Lebenserwartung, die immer mehr steigt, sollten weder die fehlende Vererbbarkeit noch das hohe kalkulierte Alter ein signifikantes Problem abgeben. Alles in allem lohnt sich die Riester-Versicherung, sofern auf eine fondsgebundene Versicherung gesetzt wird und man selbst entweder viel oder wenig verdient. Auch bei Familien mit Kindern lohnt sich eine solche Versicherung. Der Vorteil für Geringverdiener ist die staatliche Zulage, die

---

[53] https://www.finanzen.de/altersvorsorge/riester-rente

bei bis zu 175 € liegt. Während Gutverdiener vier Prozent ihres Bruttogehalts als Eigenleistung einbringen müssen, genügt bei Geringverdienern ein monatlicher Sockelbeitrag von 60 €, um die volle Zulage zu erhalten. Bei Gutverdienern greift neben den Zulagen zudem die Möglichkeit der steuerlichen Absetzbarkeit als großer Vorteil: Bis zu 2.100 € sind als Sonderausgaben von der Steuer absetzbar. Familien mit Kindern profitieren von Zulagen in Höhe von bis zu 300 € im Jahr seitens des Staates pro Kind, welches nach 2008 geboren wurde. Für vor 2008 geborene Kinder gibt es bis zu 185 € an Zulagen vom Staat.

Hinweis!

Je nach persönlicher Situation kann die Beteiligung des Staates durch Zulagen an eingezahlten Beiträgen in die Riester-Rente bei 25 bis 90 % liegen! In der Spitze können es somit beachtliche und großzügige Förderungen werden. Berufseinsteiger profitieren von einem einmaligen Bonus in Höhe von 200 €, der in den Vertrag fließt.

Für folgende Personengruppen lohnt sich die Riester-Rente aufgrund ausbleibender Zulagen definitiv nicht: Nicht versicherungspflichtige Selbstständige, Personen aus „verkammerten" Berufen (u. a. Ärzte, Anwälte, Architekten, Steuerberater), Altersrentner und Studenten.

Es ist empfohlen, die Riester-Rente in fondsgebundener Variante zu wählen. Da zugesicherte Rentenzahlungen bei dieser Altersvorsorge verpflichtend sind, werden hier zumindest geringe Zahlungen im Rentenalter zugesagt, was ansonsten bei fondsgebundenen Produkten nicht gegeben ist. Gute Versicherer für die Riester-Rente sind *Huk24*, *HanseMerkur* und *Allianz*.

Rürup-Rente auf einen Blick

Nach der Erläuterung der Riester-Rente gibt es bei der Rürup-Rente nicht allzu viel Bewegendes hinzuzufügen. Es sind grundlegende Unterschiede vorhanden, die allerdings schnell abgearbeitet sind. Führen wir uns zunächst die Gemeinsamkeiten vor Augen.

Die Rürup-Rente ist eine kapitalgedeckte Form der Altersvorsorge. Die im Vertrag mit der Versicherung verankerten Bestimmungen werden während der Vertragslaufzeit nicht geändert und bleiben auch von gesetzlichen Reformen unangetastet. Dies verschafft Sicherheit, die bei der Gesetzlichen Rentenversicherung aufgrund möglicher Reformen nicht gegeben ist. Darüber hinaus lässt sich die Rürup-Rente häufig bei Selbstständigen als ein faireres Modell als die Gesetzliche Rentenversicherung anführen. Während die Beiträge der Arbeitnehmer in die Gesetzliche Rentenversicherung zur Hälfte durch die Arbeitgeber mitgetragen werden, ist dies bei Selbstständigen nicht der Fall. Sie zahlen, sofern sie aufgrund Ihrer Tätigkeit pflichtversichert sind, den vollen Satz ein. Sind sie nicht pflichtversichert, haben Sie die Wahl, nicht gesetzlich vorzusorgen oder einen individuellen Satz einzuzahlen. An dieser Stelle eröffnet sich die Perspektive, mit der Rürup-Rente mehr Transparenz bei den Einzahlungen und späteren Auszahlungen zu erhalten. Denn da sich die Rürup-Rente nicht aus dem Umlageverfahren nährt, sondern aus dem eingezahlten Kapital, lässt sich durch die Renditen jederzeit berechnen, wie hoch die spätere Rente ausfallen wird. Die Rürup-Rente ist allem voran nicht von den erwirtschafteten Einzahlungen der nächsten Generationen abhängig, wie bei der Gesetzlichen Rentenversicherung, sondern von den eigenen Leistungen – ein faires Prinzip!

Nichtsdestotrotz: Zulagen durch den Staat lassen vergeblich auf sich warten, dafür lassen sich die Steuervorteile in einem größeren Umfang als bei der Riester-Rente nutzen. Allem voran für gut verdienende Selbstständige oder Unternehmer, die sich zwecks geringerer Steuern „arm rechnen" möchten, ist die Rürup-Rente ein gutes Instrument. Denn neben den monatlichen Einzahlungen lassen sich ebenso Einmalzahlungen tätigen, wovon Selbstständige am Ende des Jahres gern Gebrauch machen, um in einen günstigeren Steuersatz hineinzurutschen. Die steuerlich abzugsfähigen Beträge liegen für Alleinstehende bei 24.305 € pro Jahr und bei Verheirateten beim doppelten Betrag. Es sind im Jahr 2020 90 % der Einzahlungen in die Rürup-Rente steuerlich absetzbar, bis die erwähnten Beträge für Alleinstehende und für Verheiratete erreicht sind. Der Prozentsatz, mit welchem die Einzahlungen in die Rürup-Rente steuerlich absetzbar sind, steigt pro Jahr um 2 % an, bis im Jahr 2025 eine Absetzbarkeit von 100 % erreicht ist[54]. Die Rürup-Verträge lassen sich flexibel pausieren, aber büßen an anderer Stelle an Flexibilität ein: Nämlich sind sie im Gegensatz zur Riester-Rente und anderen Altersvorsorgen nicht mit einer Auszahlung der Beiträge zu kündigen. Da sich die Verträge pausieren, aber nicht rückkaufen lassen, verbleibt das bis dato eingezahlte Geld bis zum Rentenbeginn unwiderruflich bei der Versicherungsgesellschaft. Sollte ein Todesfall eintreten, verbleibt bei vielen Vertragsmodellen die komplette eingezahlte Summe bei den Versicherern.

Profiteure sind eindeutig die Personen, die gut verdienen, auf der Suche nach einer guten Ergänzung oder Alternative zur Gesetzlichen Rentenversicherung sind und jährlich auf Steuervorteile im kleinen fünfstelligen Bereich aus sind: Selbstständige, junge Unternehmer und besonders gut verdienende Angestellte, die nach den Sozialabgaben sowie Steuern noch einiges vom Einkommen übrig haben. Auch

---

[54] http://www.ruerup-rente-infoportal.de/alterseinkuenftege-setz.php

hier ist klar empfohlen, die fondsgebundenen Produkte vorzuziehen. Gute Angebote für Selbstständige im Bereich der fondsgebundenen Rürup-Rente haben die *WWK*, *VHV* und *HanseMerkur*.

Betriebliche Altersvorsorge auf einen Blick

Eine betriebliche Altersvorsorge hat jahrzehntelange, wenn nicht gar jahrhundertelange Tradition. Vor 100 Jahren bereits sparten große Unternehmen Geld für ihre Angestellten an, aus dem sie später, wenn die Angestellten in Rente gingen, eine Rente auszahlten[55]. Dies war die klassische betriebliche Altersversorgung.

Im Laufe der Zeit haben sich die Dinge gewandelt, sodass das Modell einer komplett durch den Arbeitgeber finanzierten betrieblichen Altersvorsorge kaum noch vorhanden ist. Stattdessen finanzieren Arbeitnehmer selbst im Rahmen einer Entgeltumwandlung ihre betriebliche Altersvorsorge und lassen dies durch den Arbeitgeber bezuschussen oder führen eine Altersvorsorge in Eigenregie durch.

Widmen wir uns in einer Beurteilung zunächst dem einfachsten Fall, der, ohne Wenn und Aber, einfach zu evaluieren ist: Der Arbeitgeber übernimmt die Kosten für die baV komplett allein. Hier empfiehlt es sich, dem Arbeitgeber zuzulächeln, „Danke" zu sagen und sich über diese Art der Zusatzvergütung zu freuen. Denn selbst, wenn der Arbeitsgebergeber das schlechteste Produkt auf dem Markt aussucht, welches zu 0,5 % fest verzinst ist und keine Inflationsanpassungen enthält, profitieren Sie. Seien Sie an dieser Stelle beruhigt, denn Arbeitgeber haben professionelle Berater und, aller Voraussicht nach, zumindest halbwegs passable Produkte, in die sie das Geld investieren. Sie müssen an

---

[55] https://www.finanztip.de/betriebliche-altersvorsorge/

134

dieser Stelle nur abwarten, bis Ihre Rente eintritt, und der Fall hat sich für Sie geregelt.

Doch was ist mit den anderen Fällen, in denen der Chef nicht oder nur zum Teil die baV bezuschusst?

Nicht bezuschussen darf der Arbeitgeber die baV nur in Sonderfällen:

- Weniger als drei Jahre im Unternehmen: Um die baV bezuschussen zu lassen, müssen Sie mindestens drei Jahre im Unternehmen sein und diesem somit Treue gezeigt haben.
- Wechsel des Arbeitsplatzes: Sobald Sie bei einem neuen Unternehmen ein Angestelltenverhältnis beginnen, ist der Arbeitgeber nicht zur Übernahme der baV verpflichtet.

Ansonsten sind Arbeitgeber, sofern Sie eine baV im Rahmen einer Entgeltumwandlung beantragen und damit zum Chef gehen, verpflichtet, diese mit mindestens 15 % zu bezuschussen. Diese Verpflichtung wurde gesetzlich verankert, als vom Staat bemerkt wurde, dass sich die baV aufgrund der später auf die Rente gezahlten Steuern und Sozialabgaben nur bei einer ungewöhnlich langen Lebensdauer lohnte.

Hinweis!

Bisher (Stand: Januar 2020) gilt die Regelung für eine mindestens 15-prozentige Bezuschussung nur bei seit 2019 abgeschlossenen Verträgen. Ab 2022 gilt die Regelung der Bezuschussung für alle Verträge; also ebenso für die bereits bestehenden.

Die Entgeltumwandlung an sich funktioniert so, dass die in die baV selbst eingezahlten Beiträge von dem Bruttoeinkommen abgezogen werden und somit die monatlichen Sozialabgaben und Steuern mindern. Während die Minderung der Steuern absolut erfreulich ist, ist die Minderung der Sozialabgaben mit Vorsicht zu genießen. Denn durch die geminderten Sozialbeiträge fließt weniger Geld in die Gesetzliche Rentenversicherung. Dies macht sich insbesondere bei Personen, die ein hohes Einkommen haben, negativ bemerkbar. Es wird in diesem Kontext von einem monatlichen Verdienst zwischen 4.537 und 6.700 € gesprochen[56], wenn von „hoch" die Rede ist.

Schlussendlich sind die Profiteure einer betrieblichen Altersversorgung folgende Personengruppen:

- Angestellte, die die Rente vom Arbeitgeber komplett finanziert bekommen
- Angestellte, die vom Arbeitgeber mit mehr als 15 % im Rahmen der Entgeltumwandlung bezuschusst werden
- Geringverdiener

Personen wiederum, die viel verdienen und nicht mit mehr als 15 % vom Arbeitgeber bezuschusst werden, gehen mit Nachteilen aus dem Deal heraus, zumal die steuerliche Absetzungsfähigkeit der Beiträge limitiert ist. Darüber hinaus fallen die Nachteile für alle Personengruppen umso größer aus, je teurer das Produkt ist, in welches eingezahlt wird. Achten Sie darauf, dass Ihr Arbeitgeber die baV bei einer Versicherungsgesellschaft organisiert, die kostengünstig ist und nach Möglichkeit eine fondsgebundene Altersvorsorge anbietet. Andernfalls lohnt sich keine Entgeltumwandlung,

---

[56] https://alterix.de/recht-finanzen/altersvorsorge/die-verschiedene-altersvorsorgemodelle-im-überblick-1089.html

sondern nur noch eine baV, bei der der Arbeitgeber selbst in vollem Umfang mit dem überteuerten Produkt Ihre Rente finanziert.

Wäre noch die Frage zu klären, was bei einem Bankrott des Unternehmens passiert ... Wer zahlt die Rente dann aus? Dies erledigt entweder der Pensionssicherungsverein oder die Versicherungsgesellschaft, weswegen Sie sich um Ihre künftige Rente keine Sorgen machen müssen.

Abschließendes Knowhow zur Geldanlage in Altersvorsorge-Verträge

Bausparverträge: Hochspekulative Wette auf steigende Zinsen und schlecht verzinste Produkte

Der Bausparvertrag ist ein beliebtes Produkt in Deutschland. Unglaubliche 26.941.000 Bausparverträge (!) waren im Jahr 2018 in Deutschland an Kunden gebracht[57]. Kein Wunder also, dass Personen beim Bausparvertrag die geringsten Hemmungen haben, eine Unterschrift aufs Blatt zu setzen. Doch genau darin besteht der Fehler: Aus der Masse auf den Einzelfall zu schließen. Im Grunde genommen handelt es sich beim Bausparvertrag um nichts anderes als eine leicht verbesserte Kopie des Sparbuchs. Unter den vielen verschiedenen Ausführungen des Bausparvertrages gibt es beispielsweise eine solche, welche wirklich ein reiner Sparvertrag ist: Durch Einzahlungen in die Bausparkasse werden Beträge angespart, die zudem verzinst werden. Nur liegen die Zinsen bei unter einem Prozent, womit die Frage nach einer vernünftigen Rendite bereits unzufriedenstellend beantwortet wäre. Somit ist es besser, über 10 bis zwanzig Jahre

---

[57] https://de.statista.com/statistik/daten/studie/20011/umfrage/anzahl-der-bausparvertraege-bei-bausparkas-sen-in-deutschland/

137

in ETFs zu investieren, um Eigenkapital oder eine Summe für den Immobilienkauf anzusparen.

Blicken wir in eine weitere mögliche Ausführung des Bausparvertrages hinein: Sie haben die Möglichkeit, den Bausparvertrag in Kombination mit einem Darlehen für die Immobilie abzuschließen. In diesem Szenario erhalten Sie das Darlehen, welches allerdings zunächst nicht getilgt wird. Stattdessen zahlen Sie in einen Bausparvertrag ein, der mit den besagten niedrigen Zinsen verzinst wird. Nach Ablauf des ersten Zeitrahmens für das Darlehen – also vor der Anschlussfinanzierung – wird der Bausparvertrag aufgelöst und die Summe auf einen Schlag in die Tilgung des Darlehens investiert. Ihr Vorteil ist einerseits, dass Sie durch die Verzinsung des Guthabens im Bausparvertrag effektiver tilgen, andererseits, dass Sie zu Beginn des Vertrages bereits den Zins für die Anschlussfinanzierung zugesichert erhalten.

Hinweis!

Ein Darlehen für den Kauf einer Immobilie wird in der Regel nicht über die komplette Laufzeit vergeben, sondern über einen bestimmten Zeitraum. Danach – für gewöhnlich nach über einem Jahrzehnt oder gar nach mehr als zwei Jahrzehnten – erfolgt eine Anschlussfinanzierung, bei der die Zinsen korrigiert werden. Haben Sie beispielsweise heute ein Darlehen zum effektiven Jahreszins von 2,5 % erhalten, kann es in 25 Jahren bei der Anschlussfinanzierung anders sein. Ist die Niedrigzinsphase nicht mehr gegeben, dann wird die Anschlussfinanzierung mit einem effektiven Jahreszins von beispielsweise 4 % eventuell höher. Gleiches gilt nach unten: Wird aus der Niedrigzinsphase eine Negativzinsphase, dann erhalten Sie bei der Anschlussfinanzierung noch günstigere Zinsen als bei der ersten Finanzierung.

Banken und Bausparkassen machen Kunden beim Verkauf eines Bausparvertrages gern Angst, dass die niedrigen Zinsen in der Zukunft nicht mehr vorhanden sein werden. Um sich diese zu sichern, setzen Kunden auf den Bausparvertrag. Doch es lässt sich nicht leugnen: Der Bausparvertrag ist eine hochspekulative Wette darauf, dass die Zinsen nicht so gering bleiben, wie sie es heute sind. Ironischerweise gehen ausgerechnet die Personen diese Spekulation ein, die der Geldanlage in Wertpapiere skeptisch gegenüberstehen, obwohl die Wette mit dem Bausparvertrag aufgrund der schlechten Verzinsung und des sozusagen garantierten Verlustes durch Inflation wesentlich spekulativer ist. Zudem gilt: Sollten die Zinsen tatsächlich höher werden, dann wird es für Sie einfacher, Ihr Geld sicher anzulegen. Sparbücher werden wieder Profit abwerfen, Tagesgeldkonten und festverzinsliche Altersvorsorgeverträge sich endlich bewähren. Es gilt also, beide Seiten der Medaille zu betrachten. Wird dies gemacht, dann ist der Bausparvertrag ein teures und nicht rentables Produkt. Dies zeigt sich ebenso in den hohen Gebühren, die für den Abschluss anfallen. Diese müssen Sie zwar anfangs nicht zahlen, doch sie werden Ihnen von den Sparbeiträgen abgezogen. Die Banken und Bausparkassen freut es ...

Es wird nicht auf Kredit gespart!

Im Trubel der Überweisungen für Abonnements, Miete, Ausflüge und viele weitere Dinge – heutzutage ist das Angebot groß und insbesondere im jungen Alter möchte man sich nichts entgehen lassen – ist es möglich, dass das Konto ein ums andere Mal überzogen wird. „Kein Problem", mag sich die entspannte Person da denken. In wenigen Tagen ist sowieso das Gehalt auf dem Konto. Bis das Gehalt kommt, habe ich noch genug Bargeld bei mir liegen oder nutze meine Kreditkarte. Das Problem bei diesem Vorgehen ist jedoch, dass die Dispo-Zinsen beim eigenen Girokonto nahezu immer höher ausfallen als die Renditen, die es beim Sparen gibt. Die

Stiftung Warentest veröffentlichte am 16. Juli 2019 einen Artikel auf ihrer Website, der den Durchschnitts-Dispozins aus den Konditionen aller Banken herausstellte: 9,68 %[58]! Da allem voran die Filialbanken, bei denen der Großteil der Bevölkerung ein Konto hat, in einer Gegenüberstellung mit den Direktbanken höhere Dispozinsen verlangen, ist allen Sparern angeraten, nur das zu sparen, was wirklich entbehrlich ist. Ansonsten überwiegen die anfallenden Dispozinsen womöglich den Ertrag des Ersparten. Alternativ ist der Konsum einzugrenzen. Dass man in dem ein oder anderen Monat leicht über die Stränge schlägt, ist normal, wenn man das Leben mal genießen möchte. In diesem Fall ist eine Kreditkarte angeraten, die bis zur ausstehenden Gehaltsüberweisung mehr finanzielle Mittel verfügbar macht, als aktuell auf dem Konto vorhanden sind.

Bedürfnisse realistisch einschätzen

Wer einen Altersvorsorge-Vertrag abschließt, sollte seine Bedürfnisse absolut realistisch einschätzen – keine allzu optimistischen Entscheidungen, keine Beschönigungen der Realität. Was damit gemeint ist, lässt sich relativ einfach anhand folgender Beispiele erklären: Ein Selbstständiger, der sich in seinen Anfangsjahren nur mühevoll über Wasser halten kann, ist mit dem Abschluss einer Rürup-Rente, so sinnvoll sie auch sein mag, schlecht beraten. In diesem Fall empfiehlt sich eine Wartezeit, bis sich die berufliche Lage entspannt hat. Dann kann die Altersvorsorge in Angriff genommen werden, wobei zu bedenken ist, dass ein Rückkauf der eingezahlten Beiträge nicht möglich ist. Gleiches Gedankenspiel gilt es für die anderen Altersvorsorgen zu machen. Sollte im Rahmen einer Entgeltumwandlung beim Arbeitgeber nur die Möglichkeit bestehen, in ein schwach perfor-

---

[58] https://www.test.de/Girokonten-Dispozinsen-4586765-0/

mendes Produkt zu investieren, dann ist es besser, darauf zu verzichten und sich mit der Riester-Rente auseinanderzusetzen, sofern diese sich als passender herausstellt.

Zusammenfassung

Es kristallisiert sich heraus, dass Altersvorsorge-Verträge nach wie vor zu guten Performances imstande sind. Dabei lohnt sich die Geldanlage in staatlich geförderte Altersvorsorgen am meisten. Dazu zählen die Riester- und Rürup-Rente sowie die betriebliche Altersvorsorge. All diese Versicherungen locken entweder mit Zulagen oder Steuervorteilen oder aber beiden Vorzügen in Einem. Letzten Endes gibt es kein Produkt, welches für jede Person geeignet wäre. Der Grund für die negativen Berichte rund um diese Altersvorsorgen ist darin gegeben, dass keine bedarfsgerechte Anpassung an den Antragsteller erfolgt. Unter Umständen lohnt sich keiner der drei Verträge. Nehmen Sie deswegen die Ratschläge dieses Kapitels und Ihr Wissen aus dem gesamten Ratgeber zur Hand, um eine richtige Versicherungsentscheidung zu treffen oder die Versicherungen abzulehnen und eine andere Geldanlage für sich auszusuchen.

Schlusswort

Zum Abschluss ist es nicht die Ambition dieses Ratgebers, Ihnen zu erklären, welche der Geldanlagen die Beste ist. Sehr wohl lassen sich aber zwei Geldanlagen nennen, in die **nicht** ihre kompletten Ersparnisse fließen sollten: Rohstoffe und Kryptowährungen: Unabhängig von den Kritiken, Rohstoffe seien endlich und hätten vereinzelt keinen praktischen Nutzen und Kryptowährungen sei keine Zukunft sicher, ist es schlicht und einfach so, dass Geldanlagen in Rohstoffe und Kryptowährungen mit großen Beträgen keinen Sinn machen. „Groß" meint in diesem Kontext: Mehr als 10 % Ihres angelegten Geldes. Wenn Sie es richtig machen möchten, dann investieren Sie 2 % Ihres angesparten Geldes in Kryptowährungen und legen regelmäßig 2 % Ihrer Sparbeträge in Kryptowährungen an, bis sich ein Betrag zwischen 3.000 und 5.000 € angesammelt hat. Schießen Kryptowährungen durch die Decke, dann werden Sie mit diesen Beträgen ohnehin reich. Dies ist die optimistische, aber gleichzeitig realistische Prognose, wenn man bedenkt, was sich die Kryptowährungen zum Ziel setzen. Rohstoffe hingegen dürfen Sie konstant mit 8 % (10 % bei Verzicht auf Kryptowährungen) Ihres beiseitegelegten Geldes besparen. Insbesondere das mehrmals in Krisen beeindruckend performende Gold ist nahezulegen. In Öl lässt sich Geld zum Ausbalancieren des eigenen Portfolios anlegen. Doch damit war's das für diese beiden Geldanlagen.

90 % oder die vollen 100 % sind am besten in Aktien und Wertpapieren, Immobilien und/oder staatlich geförderten sowie fondsgebundenen Altersvorsorge-Verträgen angelegt. Ihre eigene Bereitschaft zum Management der Geldanlage entscheidet darüber, welche der Geldanlagen Sie vorziehen. Am einfachsten ist zweifellos ein Vertragsabschluss für

eine Altersvorsorge. Wesentlich aussichtsreicher dafür sind Aktien und Wertpapiere sowie Immobilien. Hier werden Risiko und Mühe belohnt.

Entscheiden Sie sich für eine Aufteilung der Sparbeiträge auf die Geldanlagen, wie es Ihnen beliebt. Je mehr Vermögen Sie haben, desto mehr Geldanlagen kommen für Sie infrage. Unter Umständen können Sie sogar monatlich zusätzlich zum eigentlichen Sparen einen hohen zweistelligen Euro-Betrag entbehren, mit dem Sie voll ins Risiko gehen. Wer weiß? Vielleicht landen Sie einen Glückstreffer ... Dieses Vorgehen ist aber nur den Top-Verdienern mit reichlich Eigenkapital und laufendem Einkommen angeraten. Personen am Start Ihrer beruflichen Laufbahn oder mit einem geringen monatlichen Einkommen nehmen sich folgende Regel zu Herzen: Anfangs lieber ein grundsolides Produkt aussuchen und damit über mehrere Jahre oder ein Jahrzehnt fahren. Mit der Zeit werden sich neue Perspektiven erschließen, aber zunächst gilt bei finanziell bescheidenen Mitteln: Sicherheit walten lassen.

Somit ist die ideale Geldanlage für junge Leute eine individuelle Angelegenheit, die sich aber immerhin an einigen Grundregeln orientiert. Diese Grundregeln hat Ihnen der Ratgeber vermittelt, sodass Sie nun Ihren eigenen renditestarken Weg finden werden. Viel Erfolg dabei!

Bonusheft

Auf meiner Webseite finden Sie einen Kurzreport gratis zum Download. In diesem Report entdecken Sie die 7 häufigsten Fehler, die Einsteiger beim Handeln mit Aktien begehen.

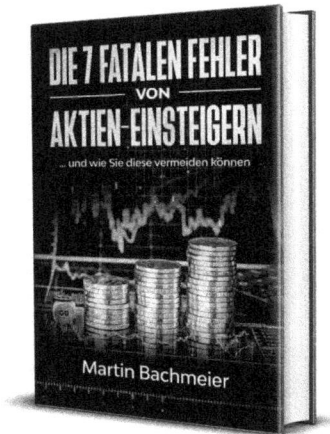

Den Report erhalten Sie als E-Book. Und so einfach funktioniert es:

Geben Sie in die Browserleiste Ihres Computers oder Smartphones Folgendes ein:

bonus.martinbachmeier.com

Sie werden dann direkt zur Download-Seite geleitet.

Beachten Sie: Dieser Report ist nur für eine begrenzte Zeit verfügbar. Sichern Sie sich den Report daher am besten heute noch!

Quellenverzeichnis

Literatur-Quellen:

Mannek, W.: *Profi-Handbuch Wertermittlung von Immobilien*. Regensburg: Walhalla u. Praetoria Verlag GmbH & Co. KG, 2016.

Walsh, D.: *Kryptowährungen – Mehr als nur die Bitcoin*, 2018.

Online-Quellen:

https://www.n-tv.de/wirtschaft/Deutsche-Haushalte-sind-so-reich-wie-nie-article21484232.html

https://www.finanzen.net/

https://www.justetf.com/de/etf-profile.html?isin=FR0010315770&tab=returns

https://www.justetf.com/de/

https://www.finanzen.net/aktien/bmw-aktie

https://kurse.boerse.ard.de/ard/kurse_einzelkurs_profil.htn?i=97172

https://www.finanzen.net/anleihen/a2g8u9-heckler-koch-anleihe

https://de.statista.com/statistik/daten/studie/155734/umfrage/wohneigentumsquoten-in-europa/

https://www.haufe.de/immobilien/entwicklung-vermarktung/marktanalysen/iw-studie-wohneigentum-in-deutschland-stagniert_84324_444164.html

https://www.immoverkauf24.de/immobilienmakler/
maklerprovision/#hausverkauf-check-3

https://www.immoverkauf24.de/immobilienverkauf/
immobilienverkauf-a-z/grunderwerbsteuer/

https://www.wohnungsboerse.net/

https://www.gesetze-im-internet.de/bgb/__558.html

https://www.rechnungswesen-verstehen.de/lexikon/
rohstoffe.php

https://www.finanzen.net/rohstoffe/reispreis

https://www.finanzen.net/rohstoffe/maispreis

https://www.finanzen.net/rohstoffe/weizenpreis

https://www.finanzen.net/rohstoffe/sojapreis

https://www.finanzen.net/rohstoffe/mageres-schwein-
preis

https://www.finanzen.net/rohstoffe/kaffeepreis

https://institut-seltene-erden.de/seltene-erden-und-me-
talle/strategische-metalle-2/

https://www.tagesschau.de/wirtschaft/boerse/
saudi-aramco-boersengang-101~amp.html

https://www.bgr.bund.de/DE/Themen/Energie/energie_
node.html

https://de.statista.com/statistik/daten/studie/156959/
umfrage/entwicklung-des-goldpreises-seit-1900/

https://amp2.wiwo.de/finanzen/geldanlage/lithium-so-profitieren-anleger-vom-leichtmetall-der-zukunft/14923040.html

https://www.mdr.de/wissen/faszination-technik/lithium-schwefel-akkus-zukunft-e-auto-100.html

https://www.btc-echo.de/bitcoin-anzahl-wie-viele-bitcoins-gibt-es/

https://de.statista.com/statistik/daten/studie/283301/umfrage/gesamtzahl-der-bitcoins-in-umlauf/

https://de.statista.com/statistik/daten/studie/13020/umfrage/strompreise-in-ausgewaehlten-laendern/

https://www.genesis-mining.com/

https://newsroom.proaurum.de/2-000-statt-10-000-euro-bundestag-beschliesst-absenkung-der-bargeldgrenze-fuer-edelmetallkaeufe/

https://www.kryptovergleich.org/uberblick-renditen-von-kryptowahrungen-im-letzten-jahr/

https://coincierge.de/2019/die-10-kryptowaehrungen-mit-der-besten-performance-des-jahres/

https://www.wired.co.uk/article/bitcoin-lost-newport-landfill

http://www.spiegel.de/wirtschaft/james-howells-der-mann-der-100-millionen-dollar-im-muell-sucht-a-1184783-amp.html

https://www.wired.co.uk/article/bitcoin-lost-newport-landfill

https://dejure.org/gesetze/VVG/153.html

https://de.inflation.eu/inflationsraten/deutschland/historische-inflation/vpi-inflation-deutschland.aspx

https://alterix.de/recht-finanzen/altersvorsorge/die-verschiedene-altersvorsorgemodelle-im-überblick-1089.html

https://www.wiwo.de/finanzen/vorsorge/altersvorsorge-garantiezins-fuer-lebensversicherungen-koennte-weiter-sinken/25317760.html

https://www.europa.de/produkte/rente/flexible-rente/

https://www.pfefferminzia.de/rechenbeispiel-altersvorsorge-mit-aktien-schlaegt-festverzinsliche-wertpapiere//2/

https://www.swisslife.de/pk/altersvorsorge/private-rente/swiss-life-investo.html

https://firmenkunden.swisslife.de/service/versicherungsinformationen/fonds.html

https://www.stern.de/familie/rente-die-wichtigsten-reformen-seit-1957-3223096.html

https://www.finanzen.de/altersvorsorge/riester-rente

http://www.ruerup-rente-infoportal.de/alterseinkuenftegesetz.php

https://www.finanztip.de/betriebliche-altersvorsorge/

https://de.statista.com/statistik/daten/studie/20011/umfrage/anzahl-der-bausparvertraege-bei-bausparkassen-in-deutschland/

https://www.test.de/Girokonten-Dispozinsen-4586765-0/

www.ingramcontent.com/pod-product-compliance
Lightning Source LLC
Chambersburg PA
CBHW071419210326
41597CB00020B/3575